武力なき平和

武力なき平和

日本国憲法の構想力

水島朝穂

岩波書店

はしがき

「人類の進化の歴史がDNAに刻まれているとすれば、人類の英知の歴史は憲法にこそ刻まれているると言うべきでしょう」。

一九九五年九月二六日。東京で開かれた国際憲法学会第四回世界大会の都知事主催レセプションで挨拶した青島幸男氏の言葉である。青島氏の知事としての評価はさておき、この言葉自体は名言だと思う。参加した国内外の憲法研究者たちの拍手は大きかった。

「現実に合わないのなら、変えればいいじゃん」というノリで、憲法改正がムード的に語られる時代である。「教科書問題」を契機に、「日本人としての誇り」や「国のために」といった言葉が実に大らかに使われるようになった。だが、「民族」や「国家」というものがことさらに強調される時代は、あまりいい時代ではない。「人類の英知」は、そうした兆候に対して警戒心をもつべきことを教えている。遺伝子操作の問題が、人類の将来に大きな影響を及ぼすように、性急な憲法改正もまた、この国の「基本のかたち」を変形させかねないさまざまな問題を含んでいる。そうした憲法改正の議論に対しては、そこにいかに合理的でもっともな主張が含まれていたとしても（たとえば環境権条項の新設など）、一歩距離を置いた冷静さが求められる所以である。

冷戦の終結がいわれてから久しい。世界の状況は「めまいをおぼえるほど」に大きく変化した。一九九〇年八月、イラクのクウェート侵攻に端を発した湾岸危機。翌九一年一月には、湾岸戦争に発展した。湾岸戦争の「戦前・戦中・戦後」を通じて、戦争と平和をめぐる議論は大きく変化した。とくに、同じ敗戦国として出発し、領域外への派兵に対して一貫して抑制的姿勢を堅持してきた日本とドイツでは、「国際貢献」ないし「国際的責任」の名のもとに、「防衛」目的以外の海外（あるいは、NATO域外）出動の機会が増大していった。手始めに、湾岸戦争後の機雷処理のため、九一年四月、海上自衛隊掃海部隊がペルシャ湾へ派遣された。これは、自衛隊法本則を改正することなく、自衛隊法九九条の無理な解釈によって実施された。翌九二年六月、PKO等協力法の成立。この法律に基づいて、陸上自衛隊の施設科部隊が二次にわたり、カンボジアに派遣された。次いで、モザンビーク、ゴラン高原へと派遣は続く。九四年には、ルワンダ難民「救援」のためと称して、ザイールのゴマに陸自の部隊が派遣された。これはPKOの傘のもとではなく、「人道的な国際救援活動」という新たな形態の海外出動だった。

一方、日米安保条約は明文の改定なしに、その役割や機能を大きく変化させている。冷戦後の日米の軍事的諸関係は、一九九六年四月の日米安保共同宣言で確認されたように、アジア太平洋地域を軸としたグローバルな関係にシフトしている。「復帰」二五周年を迎えた沖縄の問題もまた、新しい展開を見せている。

こうした時代において、施行五〇年を迎えた日本国憲法はいかなる存在意義を有しているか。自衛隊の海外出動の「常態化」や日米安保の新展開を前に、日本国憲法は「脳死状態」にあるとする見方もあろう。だが、脳の神経細胞が機能停止しただけなら、これを回復させうる医療技術が開発されつつあるように、さまざまな違憲行為の蓄積で「機能死」したかに見える日本国憲法についても、その規範力を回復・復元させることはまだ可能である。憲法の平和主義を「器質死」に追い込んではならない。

本書は、憲法の平和主義をめぐるさまざまな事象を具体的に分析しながら、急速な軍事化傾向(「普通の国」への道)を批判するだけでなく、憲法に基づく平和構想のあり方と内容の一端を示唆することをも目的としている。軍事化に対する「もう一つの道」である。そのことを通じて、「平和憲法の規範力」の意味を明らかにしたいと思う。

そこで、序章では、北海道知床のヒグマ・マニュアルを素材にして、「平和」をどのように築いていくかを考えていく。

第一章では、骨絡み「冷戦の子」である自衛隊の生成と展開を概観する。ここでは、自衛隊の役割や機能が通史的に明らかにされる。

第二章には、「国際貢献」という言葉が独り歩きしていた時期に、「もう一つの国際貢献」を意識して書かれた諸論稿が収められている。

第三章は、阪神・淡路大震災を契機に高まった「自衛隊による災害対策」を批判した論稿から成る。ここでは、同時に、国家的危機管理とは異なる、市民の安全を守る災害救助組織のあり方が示される。

第四章では、日米安保共同宣言による「安保再定義」の問題性とともに、復帰後二五年を経た沖縄をめぐる諸問題が検討される。

第五章では、「読売改憲試案」の批判を中心として、改憲論の周辺問題が検討される。

第六章では、平和論をめぐる最近の議論状況を概観したのち、「平和憲法の規範力」の問題、そして、「武力によらざる平和」のありようが示される。

右の論稿の多くは、一九九四年以降の三年間に、学生・市民向けに書いたものである。この三年間、著者が憲法と平和をめぐる状況にどう向き合い、どのように発言したかということの、ささやかな記録でもある。わずか三年間でも、世界と日本の変化は著しい。事件直後に執筆依頼がきて即日脱稿したものもある。発表媒体の違いにより、文体や注の有無など、「ふぞろい」な点を残している。叙述やデータの重複も避けられない。ただ、著者自身が、「時代に向けて何を、どう発信したか」という観点から、叙述の形を大きく変えることはしなかった。それでも、必要に応じて加筆やデータの補充をはかるなどの手当は行った。序章、第五章の1、第六章の2および3は、新たに書き下ろした。本書が、この国の平和のありようについて関心をもつ多くの人々に読まれ、憲法の平和主義の具体化に少しでも役立てば幸いである。

なお、著者はインターネット上に「平和憲法のメッセージ」というホームページを開設している。その時々の問題についての著者の直言を毎週更新している。本書で触れられなかった最近の問題については、こちらを参照されたい(http://www02.so-net.or.jp/~asaho/peace/)。

岩波書店編集部の大塚茂樹氏には、大変お世話になった。このタイミングで本書をまとめることが可能となったのも、大塚氏が、北海道時代からの私の仕事にずっと注目してくれていたことが大きい。心から感謝申し上げたい。

父の急逝から八年、私の仕事を見守ってくれている母に、本書を捧げる。

一九九七年五月一五日

水島朝穂

目　次

序章　ヒグマ・マニュアルと平和論

ヒグマとの接近遭遇

一九九六年夏。北海道は大変涼しかった。冷たい風が吹くなか、浴衣姿で盆踊りに興じる姿もあった。短い夏のいとおしさは、北海道に住んでみればよくわかる。そんな北海道に一年ぶりに行った。知床は実に二二年ぶりである。

知床半島硫黄山嶺にある知床五湖。この周囲はヒグマの生息地域である。五つの湖を徒歩でまわることができるが、入り口には「熊注意」の札が立つ。

七月三一日、この日は朝から霧が深かった。周囲はほとんど見えない。数メートル先がやっとだ。三湖から四湖に向かう下り坂にさしかかる。霧がこちらの方にスーッと動いたように感じたが、その霧にからむように獣の強烈な臭気。登別の熊牧場で嗅いだあの臭いだ。「熊が出る、熊が出る！」。娘と妻は大声で歌をうたい、叫んだ。私はたかをくくっていたが、霧の向こうからくる強烈な臭いに、背筋に冷たいものが走った。ゆっくり後退し、しばらく行ってから早足で三湖方面に戻る。途中、五名ほどのグループと出会う。気を取り直して彼らの後ろからついて、再び四湖に向かう。さきほどの場所に差しかかると、何の臭いもしない。ホッと胸をなで下ろし、やっとのことで知床五湖レストハウスにたどり着いた。そこで、「あなたは大丈夫？——ヒグマの目撃が多発しています」というマニュアルをもらう。

斜里町役場が作ったヒグマ・マニュアルは、大要次のようなものである。

ヒグマ・マニュアル

——斜里の山林はすべてクマの生息地です!!

特に、宇登呂から先は、クマの生息密度が高い地域です。山菜取りや仕事などで山林に入る時は、クマがいることを前提にいろいろな心構えや準備が必要です。クマはむやみに人を襲うことはなく、むしろ人を避けて行動します。しかし、強力な力を秘めた野生動物であることも忘れてはなりません。人間側がいろいろなルールを守ることで、ほとんどの問題は回避できます。

——まず、出会わないようにすること、引き寄せないことが最も大切!!

自分の存在を知らせてやって下さい！　人の接近に気付くと普通はクマの方で避けてくれますが、気付かぬまま至近距離で出会うと危険です。鈴や笛で物音を立てながら歩くと、ほとんどの

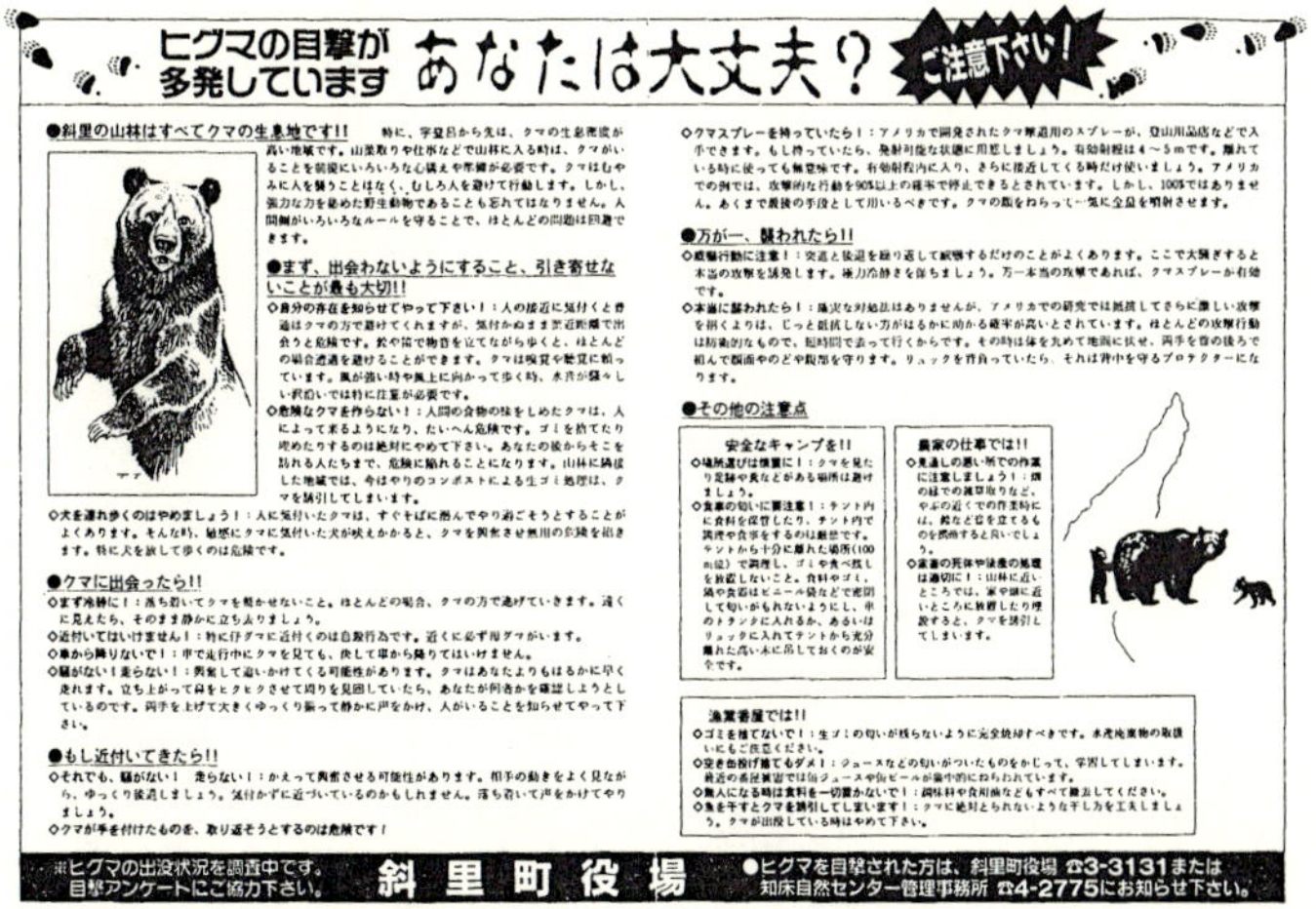

ヒグマの目撃が多発しています　あなたは大丈夫？　ご注意下さい！

●斜里の山林はすべてクマの生息地です!!　特に、宇登呂から先は、クマの生息密度が高い地域です。山菜取りや仕事などで山林に入る時は、クマがいることを前提にいろいろな心構えや準備が必要です。クマはむやみに人を襲うことはなく、むしろ人を避けて行動します。しかし、強力な力を秘めた野生動物であることも忘れてはなりません。人間側がいろいろなルールを守ることで、ほとんどの問題は回避できます。

●まず、出会わないようにすること、引き寄せないことが最も大切!!

◇自分の存在を知らせてやって下さい！：人の接近に気付くと普通はクマの方で避けてくれますが、気付かぬまま至近距離で出会うと危険です。鈴や笛で物音を立てながらゆくと、ほとんどの場合遭遇を避けることができます。クマは嗅覚や聴覚に頼っています。風が強い時や風上に向かって歩く時、水音が騒々しい沢沿いでは特に注意が必要です。

◇危険なクマを作らない！：人間の食物の味をしめたクマは、人によって来るようになり、たいへん危険です。ゴミを捨てたり埋めたりするのは絶対にやめて下さい。あなたの後からそこを訪れる人たちまで、危険に陥れることになります。山林に隣接した地域では、今はやりのコンポストによる生ゴミ処理は、クマを誘引してしまいます。

◇犬を連れ歩くのはやめましょう！：人に気付いたクマは、すぐそばに潜んでやり過ごそうとすることがよくあります。そんな時、敏感にクマに気付いた犬が吠えかかると、クマを興奮させ無用の危険を招きます。特に犬を放して歩くのは危険です。

●クマに出会ったら!!

◇まず冷静に！：落ち着いてクマを驚かせないこと。ほとんどの場合、クマの方で逃げていきます。遠くに見えたら、そのまま静かに立ち去りましょう。

◇近付いてはいけません！：特に仔グマに近付くのは自殺行為です。近くに必ず母グマがいます。

◇車から降りないで！：車で走行中にクマを見ても、決して車から降りてはいけません。

◇騒がない！走らない！：興奮して追いかけてくる可能性があります。クマはあなたよりもはるかに早く走れます。立ち上がって鼻をヒクヒクさせて周りを見回していたら、あなたが何者かを確認しようとしているのです。両手を上げて大きくゆっくり振って静かに声をかけ、人がいることを知らせてやって下さい。

●もし近付いてきたら!!

◇それでも、騒がない！　走らない！：かえって興奮させる可能性があります。相手の動きをよく見ながら、ゆっくり後退しましょう。気付かずに近づいているのかもしれません。落ち着いて声をかけてやりましょう。

◇クマが手を付けたものを、取り返そうとするのは危険です！

◇クマスプレーを持っていたら！：アメリカで開発されたクマ撃退用のスプレーが、登山用品店などで入手できます。もし持っていたら、発射可能な状態に用意しましょう。有効射程は4～5mです。離れている時に使っても無意味です。有効射程内に入り、さらに接近してくる時だけ使いましょう。アメリカでの例では、攻撃的な行動を90%以上の確率で停止できるとされています。しかし、100%ではありません。あくまで最後の手段として用いるべきです。クマの顔をねらって一気に全量を噴射させます。

●万が一、襲われたら!!

◇威嚇行動に注意！：突進と後退を繰り返して威嚇するだけのことがよくあります。ここで大騒ぎすると本当の攻撃を誘発します。極力冷静さを保ちましょう。万一本当の攻撃であれば、クマスプレーが有効です。

◇本当に襲われたら！：確実な対処法はありませんが、アメリカでの研究では抵抗してさらに激しい攻撃を招くよりは、じっと抵抗しない方がはるかに助かる確率が高いとされています。ほとんどの攻撃行動は防衛的なもので、短時間で去って行くからです。その時は体を丸めて地面に伏せ、両手を首の後ろで組んで顔面やのどや腹部を守ります。リュックを背負っていたら、それは背中を守るプロテクターになります。

●その他の注意点

安全なキャンプを!!

◇場所選びは慎重に！：クマを見たり足跡や糞などがある場所は避けましょう。

◇食事の匂いに要注意！：テント内に食料を保管したり、テント内で調理や食事をするのは厳禁です。テントから十分に離れた場所(100m以上)で調理し、ゴミや食べ残しを放置しないこと。食料やゴミ、鍋や食器はビニール袋などで密閉して匂いがもれないようにし、車のトランクに入れるか、あるいはリュックに入れてテントから充分離れた高い木に吊しておくのが安全です。

農家の仕事では!!

◇見通しの悪い所での作業に注意しましょう！：畑の縁での雑草取りなど、やぶの近くでの作業時には、鈴など音を立てるものを携帯すると良いでしょう。

◇家畜の死体や残渣の処理は適切に！：山林に近いところでは、家や畑に近いところに放置したり埋設すると、クマを誘引してしまいます。

漁業番屋では!!

◇ゴミを捨てないで！：生ゴミの匂いが残らないように完全焼却すべきです。水産廃棄物の取扱いにもご注意ください。

◇空き缶投げ捨てもダメ！：ジュースなどの匂いがついたものをかじって、学習してしまいます。最近の番屋被害では缶ジュースや缶ビールが集中的にねらわれています。

◇無人になる時は食料を一切置かないで！：調味料や食用油などもすべて撤去してください。

◇魚を干すとクマを誘引してしまいます！：クマに絶対とられないような干し方を工夫しましょう。クマが出没している時はやめて下さい。

※ヒグマの出没状況を調査中です。目撃アンケートにご協力下さい。　**斜里町役場**　●ヒグマを目撃された方は、斜里町役場 ☎3-3131または知床自然センター管理事務所 ☎4-2775にお知らせ下さい。

斜里町役場のヒグマ・マニュアル(1996年7月)

場合遭遇を避けることができます。クマは嗅覚や聴覚に頼っています。風が強い時や風上に向かって歩く時、水音が騒々しい沢沿いでは特に注意が必要です。

――クマに出会ったら!!

落ち着いてクマを驚かせないこと。ほとんどの場合、クマの方で逃げていきます。……立ち上がって鼻をヒクヒクさせて周りを見回していたら、あなたが何者かを確認しようとしているのです。両手を上げて大きくゆっくり振って静かに声をかけ、人がいることを知らせてやって下さい。

――もし近付いてきたら!!

それでも、騒がない！　走らない！　かえって興奮させる可能性があります。相手の動きをよく見ながら、ゆっくり後退しましょう。気付かずに近づいているのかもしれません。落ち着いて声をかけてやりましょう。

――万が一、襲われたら!!

威嚇行動に注意! 突進と後退を繰り返して威嚇するだけのことがよくあります。ここで大騒ぎすると本当の攻撃を誘発します。極力冷静さを保ちましょう。万一本当の攻撃であれば、クマスプレーが有効です。……あくまで最後の手段として用いるべきです。

本当に襲われたら! 確実な対処法はありませんが、アメリカでの研究では抵抗してさらに激しい攻撃を招くよりは、じっと抵抗しない方がはるかに助かる確率が高いとされています。ほとんどの攻撃行動は防衛的なもので、短時間で去って行くからです。その時は体を丸めて地面に伏せ、両手を首の後ろで組んで顔面やのどや腹部を守ります。

――危険なクマを作らない!!

人間の食物の味をしめたクマは、人によって来るようになり、たいへん危険です。ゴミを捨てたり埋めたりするのは絶対にやめて下さい。あなたの後からそこを訪れる人たちまで、危険に陥れることになります。山林に隣接した地域では、今はやりのコンポストによる生ゴミ処理は、クマを誘引してしまいます。

空き缶投げ捨てもダメ！　ジュースなどの匂いがついたものをかじって、学習してしまいます。最近の番屋被害では缶ジュースや缶ビールが集中的にねらわれています。

ヒグマ・マニュアルの平和思想

ざっとこんな内容である。

ところで、もし、都会の人間に、「危険なヒグマにどう対処したらいいか」と問うたら、どんな答が返ってくるだろうか。考えられるのは、次の三つ。

一つは、先制自衛である。攻撃は最大の防御とばかり、ヒグマを全部殺すか、捕獲してしまう。これでヒグマが出没する危険性はなくなる。だが、この方法は動物保護の観点から許されないし、誰も支持しないだろう。

二つ目。ヒグマの出没する地域を立ち入り禁止にして、ヒグマとの遭遇の可能性をなくす。これは一見有効なようだが、これでは北海道の旅はできなくなる。そもそも斜里の町民が住んでいるところは、ヒグマの生息地内だ。

三つ目。各人がヒグマに備えて、必要最小限の武装をする。これは冗談だが、知床五湖の入り口で、町や観光協会が、観光客のグループごとに一丁ずつの猟銃を貸与したらどうなるだろう

（当然、日本ではありえない想定）。自分の安全は自分で守る。ところが、ヒグマと間違えて、別のグループの人を撃ってしまったり、暴発事故で自分の子どもを死なせたり……。これはアメリカの「銃社会」の矛盾そのものである。

斜里町のヒグマ・マニュアルのコンセプトは、この三つのいずれでもない。端的に言えば、それは「ヒグマとの共生の思想」である。「自分の存在を知らせてやって下さい」、「落ち着いて声をかけてやりましょう」という言葉にもそれは示されている。同じ「町内」に住む、ちょっと怖い「隣人」に対する、何とも愛情あふれる言葉ではある。

だが、確かにヒグマは危険である。私が知床でヒグマと「接近遭遇」した翌週、写真家・星野道夫氏が、ヒグマに襲われ死亡している。カムチャツカ州クリル湖畔で、テレビ番組の取材中のことだ。野生動物取材のベテランが襲われた背景には、テレビ局側の無理な取材手法の問題が見え隠れするが（『創』一九九七年二月号、七二―七九頁）、ここでは立ち入らない。要は、危険なヒグマとどう付き合っていくかという点である。斜里町のヒグマ・マニュアルは数段構えで書いてあるが、ここには三つのポイントがあるように思う。

まず第一は、「早期警報」(early warning)。ヒグマの習性に対する正確な知識をもつ。そして、危険を早期に発見し、回避する。大きな音の出るものを持ち歩き、こちらの居場所を知らせることは極めて有効だ。ヒグマの襲撃を誘発しないようにするにはどのような行動が必要か、という知識が有効な「武器」になる。

第二に、それでも襲われたらどうするか。マニュアルはいう。「威嚇行動」の段階で、慌てない。これも相当大変だが、ヒグマの習性への正確な知識があれば、可能だろう。クマの攻撃行動は防衛的だから、こちらが攻撃態勢をとれば、かえって全面的な攻撃を招く。本当に襲われた場合でも、ことさらに抵抗するよりはじっとしていた方が助かる確率が高いという。しかし、これに対しては、死んでしまっては元も子もないから、やはり「絶対安全」を求めたいという意見もあろう。最後の手段としては、クマスプレーの有効性が説かれる。これはクマを傷つけないですむ。ただ、「もし襲われたらどうするか」という問題だけを取り出して論ずるのは妥当ではない。なぜなら、こういう議論の仕方で「絶対安全」を求めていくと、「ヒグマを全部殺すか、捕獲する」という選択肢につながりやすいからである。交通事故の死亡者は、毎日三〇人近くいる。年間九〇万人以上が負傷している。スズメバチに刺されて死亡する人は、毎年三〇人以上。これと比べれば、クマに襲われて死傷する人は、はるかに少ない。確率からすれば、危険性はスズメバチの方が上だといってもいい。むしろ、「襲われたらどうするか」の議論よりも、襲われやすい状況を人間が作っているという問題をもっと考えるべきであろう。

そこで、第三のポイント。襲われないようにする環境・条件作りの問題である。危険なクマを作るのは人間である。ヒグマ・マニュアルは、ゴミを捨てないようにし、クマが生きる環境を守ることが、襲われる機会を減らし、「共生」につながるという発想を提示している。「危ない「ヒグマに甘い汁」」という見出しの記事に、山のなかの番屋にあった缶ジュース九〇本を飲み干したクマの話が出てくる（『朝日新聞』一九九六年一一月一六日付夕刊）。クマは普段は草の葉や木の実などを食べる。だが、クマは蜂蜜が大好物である。しかも、缶ジュースの甘さと味わいは自然界にはないもので、一度味を占めるとこれを求めて人を襲うことになる。空き缶やゴミを捨てないということが、クマとの「平和」と「共生」につながるわけである。

ボスニア内戦で、西部丘陵地域がセルビア人勢力とクロアチア人勢力との戦場となった。クマはスロベニアに「脱出」。保護地区である北西部の「ゴルチェの森」には約六〇〇頭のクマで過密状態という。農家の家畜や穀物にも被害が出て、スロベニア政府は保護地区から出たクマに対する射殺許可を与えたという（『東京新聞』一九九六年一一月九日付）。クマもまた、内戦の犠牲者であった。

「冷戦の終結」と呼ばれる状況のもとで、世界のあちこちで地域紛争が起きている。朝鮮半島にも、中東にも、バルカン半島にも、北アフリカにも、「ならず者国家」とされている国々が存在する。周辺地域の平和と安全が脅かされ、「不確実性」と「不安定性」が生まれているというわけである。危険な「ならず者国家」を軍事力でつぶしてしまう。それが、九一年湾岸戦争の眼目だった。最近では、「極東有事」ということで、政治的にも経済的にも破綻した国家が、「窮鼠猫を噛む」のたとえのように「南進」する可能性がある、だから「有事」に備えよ、と盛んにいわれている。これらの国々の独裁体制を外から軍事力でおさえる発想が独り歩きしている。だが、これらの国々の内部には、それぞれの独裁政治に苦しむ民衆がいる。かなり困難な課題だが、これらの国々との「共生」の道をさぐりつつ、内側からの改革・民主化を促進するためにあらゆる努力をすることが肝要だろう。それぞれの国の内部に、民主主義を推進しうる主体が存在しないか、あるいは存在しても弾圧などで弱体化させられていることは確かである。それぞれの国のなかに存在する民主主義と自由を求めるエネルギーが育つよう、貧困、差別、疾病、不公正、人権抑圧、環境悪化などを除くためのさまざまな援助が求められている。

かつて憲法学者の宮沢俊義は、「どうしたら真の世界平和が実現されるか」と問い、「問題は、「平和の理念」ではなくて、「平和の技術」である」と述べた(宮沢『全訂 日本国憲法』日本評論社、一九七八年、一五三頁)。この「平和の技術」とは、平和学でいう「ピース・テクノロジー」であり、軍隊を投入して武力行使で解決するのではなく、あらゆる手段を使って、紛争の平和的解決をはかる努力の総体をいう。その意味で、日本国憲法は決して消極的なものではない。憲法学者の芦部信喜はいう。日本国憲法は、「平和構想を提示したり、国際的な紛争・対立の緩和に向けて提言を行ったりして、平和を実現するために積極的行動をとるべきことを要請している」のであり、かかる「積極的な行動をとることの中に日本国民の平和と安全の保障がある、という確信を基礎にしている」(芦部『憲法 新版』岩波書店、一九九七年、五六頁)、と。

本書は、こうした「平和の技術」を探るために、憲法そのものではなく、憲法の周辺に起きたさまざまな出来事の分析を通じて、武力なき平和のリアリティを示したいと思う。

第一章　冷戦の産物・自衛隊——生い立ちと今

はじめに——隊歌にみる自衛隊の変容

「歌は世につれ、世は歌につれ」というが、自衛隊も同様である。陸上自衛隊の隊歌には、部隊所在地の山や川の名称が数多く登場する（『陸上自衛隊隊歌集』改訂三版、参照）。たとえば、東京の第三二普通科連隊歌には、「朝日をうつす利根川」「武蔵野原」「秀峰富士」などが出てくる。「祖国」「郷土」「防人」などの使用頻度も高い。ちなみに、「山紫に水清き　ここ城陽の原頭に国の鎮めの任帯びて　雄叫びあげて集いたる　われら精鋭一千の　その名は四十五連隊」と歌われた第四五普通科連隊（京都府城陽市）はリストラの対象となり、一九九四年に廃止された。

ところで、第二次モザンビーク派遣部隊の歌「平和の兵士 We are Blue Helmets」はかなり趣を異にしている。「歩く　駆ける　俺たち　Blue Helmet　赤く燃える大地に　新しい命の息吹きを　ふたたび　平和の兵士　俺たちが誇り　明日への幸《さち》を　平和な世界へ　称えよ永久《とわ》に歌声合わせて　故郷遥か遠く　日は陽《たお》やかに　珠汗《たまあせ》流せ　United Nations」。これが一番である。

そして三番まで繰り返し入るのが、「故郷遥か遠く」と「United Nations〔国連〕」の二つ。「祖国の防人」から「平和の兵士」へ、「郷土護りつつ」から「故郷遥か遠く」へ。そして、「国連」。歌詞の変化はそのまま、自衛隊の性格と機能の変遷に連動している。

その一方で、部内では、団結心を高める訓練として、教育隊時代に旧軍の軍歌をしっかり覚えさせられる。隊歌は公式行事で歌われる程度で、隊員が実際によく歌う曲のベスト3は、「同期の桜」「加藤隼戦闘隊」「若鷲の歌」だという。

戦後五〇年を迎え、武装解除から平和憲法の制定、そのもとでの再軍備へ、と進んできた日本。戦前との連続と断絶の微妙な交差のなかで、「自衛隊」という名の実質的軍隊は四〇年以上の歩みを続けてきた(前田哲男『自衛隊の歴史』筑摩書房、一九九四年、参照)。

人的側面を見れば、トップ(統幕議長＋三幕僚長)から旧軍出身者が消えて久しい(防大一期生がトップのポストすべてを占めたのは一九九〇年)。米軍と旧軍出身者の圧力のなかで、独特のパワーと思い入れを持って自衛隊を支えてきた防大一期から三期まではすでにリタイアした。戦後五〇年の一九九五年、統幕議長には防大四期、陸幕長には六期が就任した。彼らは敗戦時、五歳未満の幼児だった。「戦争を知らない将軍たち」がトップを占め、「生まれた時、そこに自衛隊があった」世代の幹部が多数派となっている。

任務・行動面でも、九〇年代における変化は著しい。九二年のＰＫＯ等協力法以降、自衛隊が海外で活動することに対する世論の認知度は格段にアップした。また、阪神・淡路大震災は、「災害には自衛隊」という壮大なる錯誤を定着させた。今や、自衛隊を批判することそれ自体が許されないという雰囲気さえ漂ってきた。村山政権のもと、社会党が「自衛隊合憲」の立場に完全に転換したことも重要な要因をなしている。

「あいまいな日本」を象徴するのが自衛隊の歩みだったが、近年、ある種の「分かりやすさ」を求める動きが出ている。「昭和自衛隊から平成国軍へ」という標語は、それを端的にあらわす。だが、憲法改正を伴わないで、軍隊としての全属性を具備した「国軍」となることはかなりむずかしい。改憲論の活性化の動機の一つもここにある。

冷戦とともに生まれ、その刻印を満身に帯びて成長してきた自衛隊。いま、「冷戦の終焉」という状況のもとで、それをとりまく環境や条件は大きく変化している。本章では、自衛隊の生成・展開の過程をトレースしながら、その「将来像」(「国軍」化か、非軍事組織への転換《コンバート》か)にも触れる。

一　警察予備隊から保安隊へ

(1) 日本の武装解除と日本国憲法

一九四五年一〇月一六日。連合国軍最高司令官D・マッカーサーは、日本の武装解除を宣言した。「約七〇〇万人の兵士の投降という史上に類のない困難かつ危険な仕事は、一発の銃声も響かず、一人の連合国兵士の血も流さずに、ここに完了した」。

一一月二八日の衆議院本会議。最後の陸軍大臣となった下村定は、軍国主義発生の原因を問われ、こう答弁した。「ことに指導の地位にあります者が、やり方が悪かったこと、これが根本であると信じます……ある者は軍の力を背景とし、ある者は勢いに乗じて、いわゆる独善的な、横暴な処置をとった者があると信じます。ことに許すべからざることは、軍の不当なる政治干渉であります。かようなことが重大な原因となりまして、今回のごとき悲痛な状態を、国家にもたらしましたことは、何とも申しわけがありませぬ。私は陸軍の最期に当たりまして、議会を通じてこの点につき、全国民諸君に衷心からお詫びを申し上げます」。

だが、事態は単に「やり方が悪かった」程度でお茶を濁すことを許さないところまで進んでいた。一年後に公布された日本国憲法九条二項は、「陸海空軍その他の戦力」の不保持を規定し、「軍事的なるもの」に対して明確に拒否的姿勢をとったからである。七六条二項(特別裁判所の禁止)や、一八条(意に反する苦役からの自由)と相まって、軍法会議や徴兵制をもつ「普通の軍隊」設置への道は絶たれた。憲法史上前例のない、徹底した無軍備平和主義の憲法。だが、純粋に「日本の軍隊」が存在しなかった期間は短かった。

(2) 朝鮮戦争と警察予備隊

一九五〇年六月二五日未明、北朝鮮(朝鮮民主主義人民共和国)軍が三八度線を越えて攻撃を開始した。この朝鮮戦争で日本は巨大な兵站《へいたん》(後方支援)拠点となり、「朝鮮特需」にわいた。こうして朝鮮民衆の犠牲の上に、日本経済は活性化し、「高度経済成長」の基礎がつくられた。同時に、この戦争は、日本再軍備への「最初の一突き」となったのである。

朝鮮戦争の開始により、米軍は日本本土に展開していた精鋭四個師団を逐次、朝鮮に戦闘加入させていく。残った米軍人の家族を保護し、ソ連に対する備えをするための国内治安軍が必要となった。マッカーサー元帥は、開戦後二週間で警察予備隊の創設と海上保安庁の増強を指令。その一カ月後には、警察予備隊令が公布・施行され、警察予備隊が設置された。定数七万五〇〇〇人(四管区)。「平和と秩序を維持し、公共の福祉を保障する」(一条)ことを目的とし、その活動は「警察の任務の範囲に限られる」(三条二項)とされた。だが、編成、装備などからみて、この組織は明らかに軍隊であった。実際、部隊編成の基準には、当時の米陸軍歩兵師団の編制装備表が使用された。ただ、「兵」「戦」「砲」などはすべて言い換えとなった。職種(旧軍の兵科および各部に相当)についても、たとえば歩兵は「普通科」、工兵は「施設科」、砲兵は「特科」とされた。この手法は今日でも、基本的に維持されている。

GHQ幕僚長のF・コワルスキー大佐は率直にこう述べた。「いまや人類のこの気高い抱負(日本国憲法のこと」は、粉砕されようとしている。アメリカおよび私も、個人として参加する「時代の大うそ」が始まろうとしている。……兵隊も小火器・戦車・火砲・ロケットや航空機も戦力でないという大うそである。人類の政治史上おそらく最大の成果ともいえる一国の憲法が、日米両国によって冒瀆され蹂躙されようとしている」。

この「にわかづくりの軍隊」は、ハードからソフトまで完全に米軍のミニチュアだった。装備のほとんどは米軍のお古(貸与兵器)だし、教育訓練から号令に至るまで米軍式だった。米軍では「頭右《かしらみぎ》」を"Eyes Right"というが、予備隊訓練教範はこれを「眼右《まなこみぎ》」と直訳。整列した隊員が一斉に流し眼をしたというのは有名な話である。人事面でも、制服トップ(部隊中央本部長、後の総隊総監)には、軍隊経験のない内務官僚(宮内府次長)がなり、四個ある管区隊総監もすべて内務官僚(元知事や警察本部長ら)が占めた。旧軍との「断絶」を形にして示そうとしたわけだが、「普通の軍隊」では部隊長が文官ということはありえないことだった。この方式は「軍事的合理性」に反するとして、制服組からの反発を招くことになった。その結果、文官の制服トップというのはごく初期にとどまり、その後は部隊トップを制服組が占めるのが通例となった。しかし、文官スタッフ優位の構造は、その後の自衛隊のあり方を大きく規定していくことになる。

一方、海上保安庁は八〇〇〇名増員され、装備も強化された。海保掃海隊は朝鮮戦争時、米軍の上陸作戦支援のため朝鮮水域で掃海活動に従事した(戦後初の「戦死者」一名を出す)。一九四八年に海保が設置されたとき、「軍隊として組織され、訓練され、又は軍隊の機能を営むこと」のないよう、法律の解釈運用に歯止めがかけられた(海上保安庁法二五条)。しかし、掃海隊の活動は明らかに軍事活動であった。

ところで、一九五〇年一一月の中国の参戦は、日本再軍備を加速する要因となった。アメリカは日本に、治安維持以上の能力をもたせる必要性を感じだした。一九五一年四月、マーシャル国防長官は警察予備隊に完全武装の一〇個師団を創設する計画を提案。大統領もこれを承認した。だが、予備隊と海保は法制度上も組織上も軍隊ではないという建前をとっていたから、その重武装化にはおのずから限界があった。社会党をはじめとする、日本国内の再軍備反対の世論も高まりを見せつつあった。

そうしたなかで、「軍隊化」には「軍事のプロ」が必要ということになり、予備隊創設時には排除されていた旧軍関係者が次第に採用されるようになった。こうした追放解除組の制服グループは、本格的な軍隊への構想を打ち出した(たとえば、航空兵力は六七〇〇機)。特に旧海軍軍人からなる「Y委員会」は、海上警備隊を海保から切り離し、かつ警察予備隊に吸収されないよう活発に動いた。その結果、海上警備隊は旧海軍との一定の連続性を保持した。日本再軍備の過程でも、「陸」と「海」の間の微妙な対抗意識がまだ生き残っていたのである。

(3) 保安隊と海上警備隊

一九五二年四月、海上保安庁法の改正により、海上警備隊(海上自衛隊の前身)が発足した。同年八月には保安庁法が施行され、保安庁も発足。警察予備隊を改組した保安隊(陸上自衛隊の前身)と海上警備隊からなる「二軍体制」ができあがる。保安庁法によれば、保安隊の目的は、「わが国の平和と秩序を維持し、人命及び財産を保護する」ことである(四条)。警察予備隊令のように、その活動を「警察の任務」に限定するような規定は削除された。警察との区別が明確となる一方で、任務面では、抽象的な「平和維持」を定めたにとどまり、「直接侵略」への対処を明示するまでには至らなかった。その「あいまいさ」は、憲法違反の「戦力」という批判を回避するために生じたものである。政府は「戦力」概念を、「近代戦争遂行可能な人的・物的組織体」と狭く定義し、保安隊は戦力にあらずと主張した。

一九五二年四月二八日、対日講和条約と日米安保条約(旧安保)が発効した。旧安保は基地貸与条約としての性格が濃厚だった。一方、アメリカからの保安隊増強要求は激しさを増していく。結局、一九五三年一〇月の池田・ロバートソン会談により、日本再軍備の規模と内容について一応の決着をみた。

また、旧陸軍関係者の「航空戦力再建グループ」が米極東空軍と接触をはかるなど、日本航空部隊創設への動きも活発化する。こうして、保安隊は航空部隊をも擁する「自衛隊」へと「ステージ・アップ」していくのである。

二　自衛隊の誕生とその「高度成長」

(1) 自衛隊の誕生

一九五四年七月一日。防衛庁が設置され、航空自衛隊を加えた三自衛隊体制が発足した。この日午前、木村篤太郎・防衛庁長官は自衛隊創設の意義を次のように訓示した。「……わが国民多数の間にほうはいとしてわき上りつつある民族独立の精神に則り、独立国としてみずからの手によってみずからの国を防衛せんとする態勢をととのえることが、現在のわが国に課せられた責務である」。短い訓示のなかで、何度も「独立」が強調されている。

自衛隊の主任務は、「わが国の平和と独立を守り、国の安全を保つため、直接侵略及び間接侵略に対しわが国を防衛すること」とされた(自衛隊法三条)。予備隊や保安隊に残っていた警察の「母斑」はかなり払拭され、より軍隊に接近していく。もっとも、発足の一カ月前、参議院は、「本院は、自衛隊の創設に際し、現行憲法の条章と、わが国民の熾烈なる平和愛好精神に照らし、海外出動は、これを行わないことを、茲《ここ》に更《あらた》めて確認する」との決議を行っていた。自衛隊は、その任務・行動の場を日本領域内に限定されて出発したのである。

(2) 自衛隊の「高度成長」の開始

一九五六年の『経済白書』は、「もはや戦後ではない」と書いた。翌五七年五月、「国防の基本方針」が閣議決定され、「国力国情に応じ自衛のため必要な限度において、効率的な防衛力を漸進的に整備すること」がうたわれた。その翌月、「第一次防衛力整備計画」(一次防)が決定された。自衛官一八万人(陸自)、艦艇一二万四〇〇〇トン(海自)、航空機一三〇〇機(空自)が計画の目玉。当時の日本は高度経済成長期に入っていた。巨額の「防衛費」が計画ごとに倍々ゲームのように認められ、最新兵器が続々と購入されていった。こうして、一次防から三次防(一九七一年末)までの「自衛隊の高度成長」が始まった。

一次防では陸自の整備に重点が置かれるとともに、「防衛産業の育成」がはかられた。「朝鮮特需」のような大儲けが期待できないとすれば、「平時」の状態でコンスタントに兵器の受注を確保する必要がある。そこで重点は「自衛隊装備の国産化」に置かれた。だが、米軍兵器貸与で出発した日本再軍備の哀しさは、「防衛産業」にも色濃く投影していた。「国産化」とは、米軍兵器の国内生産にほかならなかったのである。とはいえ、一次防は、国家予算に寄生する「防衛産業」成長の第一歩となった。

(3) 六〇年安保と治安出動

旧安保条約には、国内の内乱・騒擾鎮圧のため、米軍が出動することが規定されていた(一条)。「内乱条項」である。「独立国」に対する外国軍隊の治安出動は異例である。さすがにこれは、一九六〇年の安保条約改定時に削除された。国内騒乱等に対しては、自衛隊が独力で対処することになり、治安出動(自衛隊法七八、八一条)の位置づけが高まった。

六〇年安保の際、国会をとりまく多数のデモ隊に対して、東部方面隊二万人が治安出動待機態勢に入った(練馬駐屯地に戦車五〇両も集結)。岸首相の要請に対して、赤城宗徳長官や杉田一次陸幕長が抵抗。結局、治安出動は実施されなかった。

六〇年安保前後に、「治安出動に関する訓令」や陸幕「治安行動(草案)」などが数多く出された。陸幕の「治安行動(草案)」には、「制圧体形をとり、銃剣の矢ぶすまをつくって行う行動」「暴徒の正面に対する特車(戦車)・装甲車の急激かつ斉一な行動」「なるべく狙撃により必中を期す」といった事柄から、化学剤(ガス)の運用と遺体等の処理に至るまで、詳細にマニュアル化されていた。そこでは、炭鉱や工場の大規模争議までも、制圧対象に含まれていた。七〇年安保の数年前から、国民を攻撃目標にした治安出動訓練(T訓練)も頻繁に実施された(七〇年安保以降は減少)。

(4) 三矢研究

一九六五年二月、衆議院予算委員会で社会党の岡田春夫議員は、「昭和三十八年度統合防衛図上研究」(「三矢研究」)を暴露した。『オカッパル一代記』(行研出版局、一九八七年)によれば、作家・松本清張が密かに同議員に資料を提供したという。「三矢研究」には、統合幕僚会議の主要制服幹部八四名と在日米軍佐官クラス数名が参加。一九六三年二月一日から六月三〇日まで行われた(六月末というアメリカの会計年度に合わせた期間の設定)。

内容は、第二次朝鮮戦争を想定した総合的な日米共同作戦計画で、全文一四一九頁にわたる。そのなかには、有事の国内態勢づくりのために、計八七件の法案を緊急上程して二週間で成立させるといった、立法府の権限に踏み込む内容まで含まれていた。研究ナンバー12「要員に関する事項」には、「戦後十八年、国家防衛に関しては、まことに奇妙な伝統的風潮が、平和の名のもとに、わが国に浸透しつつある」、「要員確保のための強制措置については当面これを保留し、情勢の推移に応じて決定する」が、「情勢やむをえざる場合は強制措置を行なう」とある。つまり、徴兵制も射程に入れていたといえよう。また、「三矢研究」の「非常事態措置諸法令の研究」の部分は、国家総動員法を含む戦前の体制がモデルとなっていたが、その後の有事法制研究の「最大限目標」として存在価値を持ち続けている。

三　低成長期の自衛隊——防衛計画の大綱

(1)「基盤的防衛力」か「所要防衛力」か

七〇年代に入り、米ソの緊張緩和(デタント)の兆しが見られた。他方、一九七一年の「ニクソン・ショック」(一ドル＝三六〇円体制の崩壊、変動相場制への移行)と一九七三年の「オイル・ショック」は、日本経済に大きな影響を与えた。こうした複雑な状況は、日本の「防衛政策」にも微妙な影響を及ぼしていく。何よりも「防衛費」の急速な増大は不可能となった。一次防から四次防策定直後までの、「高度経済成長」に照応した自衛隊の「高度成長」は壁にぶち当たった。

一方、政治の世界でも、ロッキード疑獄事件後に三木内閣が登場。三木首相、リベラルな坂田道太・防衛庁長官、切れ者の久保卓也防衛次官という人的条件も加わって、一九七六年一〇月、「防衛計画の大綱」が作り上げられた。これは「軍の論理」に対して政治の側がかなり影響を及ぼした事例といえる。

「大綱」の国際情勢認識は、世界が「大勢として緊張緩和」に向かっていること、国際世論も武力行使抑制の方向であること、日米安保体制はアジアの平和と安定に貢献し、侵略の抑止として強く働いていること、である。この前提のもとに、「限定的かつ小規模な侵略」には独力で対処するが、それを上回る危機には米軍の来援を待つという構想ができあがった。天災地変その他の災害に即応した救援活動等も重視された。

四次防までは、「脅威」対抗型の「所要防衛力」だった。これに対して「大綱」は、基本的に「脱脅威」ないし「平和時」という状況下での「基盤的防衛力」整備に転換したわけである。基幹部隊や主要装備については、「別表」で具体的中身が定められた。陸自は、平時地域配備部隊一二個師団＋二個混成団、機動運用部隊一個機甲師団等(自衛官定数一八万人)、海自は四個護衛隊群と一〇個地方隊等(水上艦艇六〇隻、潜水艦一六隻、作戦機二二〇機)、空自は要撃戦闘機部隊一〇個飛行隊と支援戦闘機部隊三個飛行隊等(作戦機四三〇機)という具合である。なお、この時期、「防衛費」の上限の形態として、「GNP比一%枠」が閣議決定された。

こうした政治の側の動きに対して、「軍事的合理性」を重んずる制服組は当然抵抗した。そして、アフガニスタン事件(一九八〇年)は、制服組や、政治の側の「所要防衛力」派の発言力を決定的に高めた。正面装備は次々と更新され、「所要防衛力」型兵器が採用されていった。「大綱」は「「名存実亡」の一片の古文書」となっていくのである(「GNP比一%枠」突破も時間の問題だった。一%枠の正式撤回は一九八六年)。

なお、制服組の抵抗の一形態が、栗栖弘臣・統幕議長の「超法規発言」だった(一九七八年七月)。栗栖は金丸信・防衛庁長官により解任されたが、その直後から有事法制研究が始動した。有事法制研究は八〇年代半ばまでに、自衛隊法と他省庁関係法令にまたがる領域についての研究を終えた。一方、制服組は圧倒的に栗栖支持だったため、金丸は「日本戦略センター」を設立。退職高級幹部を理事にすえ、防衛族の宣伝・運動拠点として機能させていく(後に小沢一郎が理事長)。

(2)「日米防衛協力の指針」とレーガン・中曾根時代

一九七八年一一月、「日米防衛協力の指針(ガイドライン)」が閣議了承された。制服組から「安保に魂を入れた」と評されたように、安保条約本文の改定を伴わずに、日米共同作戦体制は飛躍的にレヴェル・アップした。その本質は、前方展開する米核攻撃部隊に対する自衛隊の協力態勢の実戦的具体化である。日米間の「調整機関」設立が明記された点は特に重要である。作戦の役割分担では、海自が日本周辺の対潜作戦(ASW)や船舶保護作戦の「主体」となることが明示された。この後、米第七艦隊および戦略ミサイル原潜の活動を確保するための「シーレーン防衛」が急浮上してくる(一九八三年研究開始、八六年終了)。

また、「ガイドライン」では、日米共同演習・訓練の「適時実施」もうたわれ、これ以降、実戦的な日米共同演習が活発化していく。一九八〇年の環太平洋合同演習(リムパック)参加は象徴的な出来事だった。八〇年代半ばまでに、陸・海・空・海兵の米四軍と三自衛隊との統合演習ほか、ほとんどの組み合わせが終了している。さらに、兵器の相互運用性(インターオペラビリ

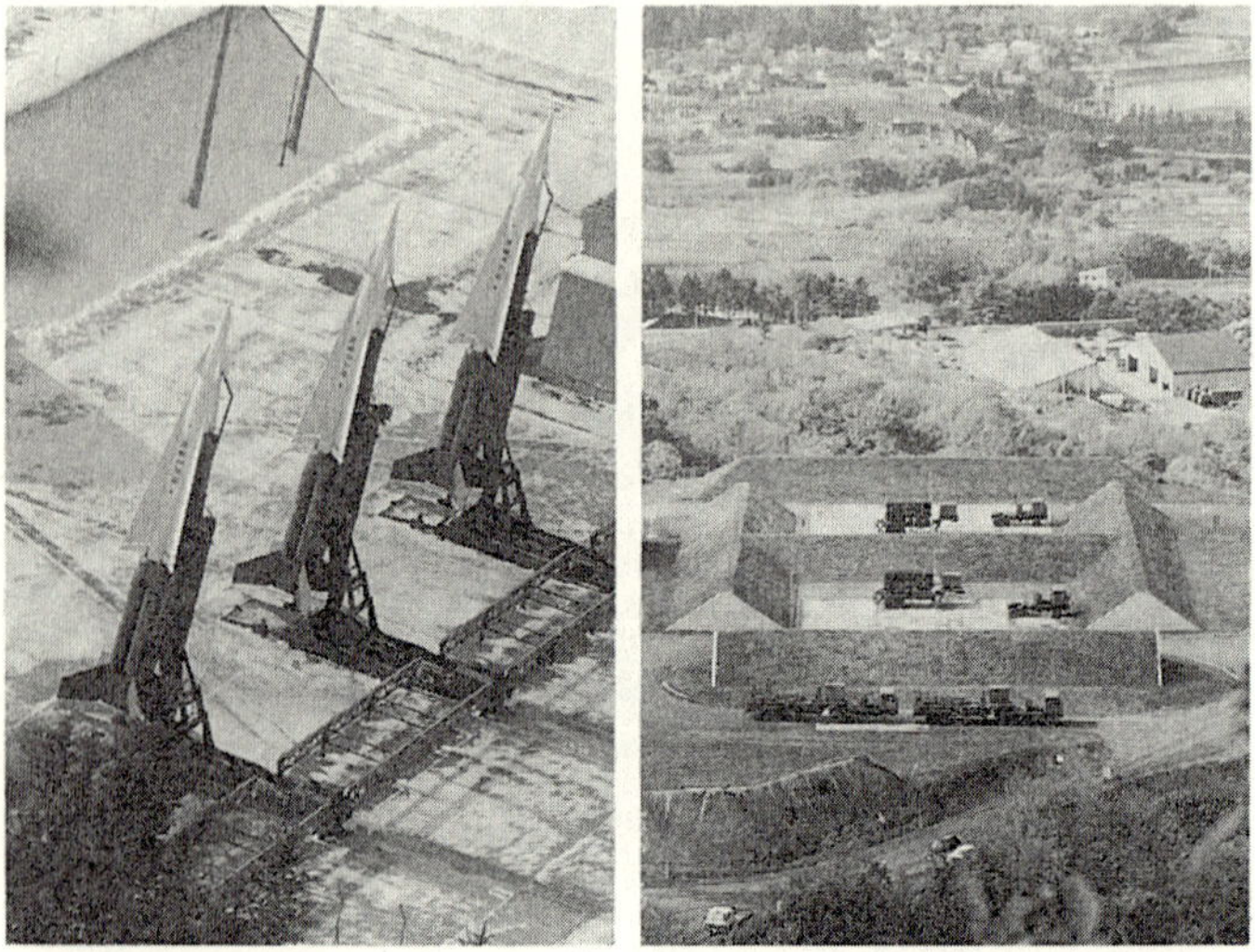

北海道長沼ミサイル基地.（左）ナイキJ（1987年11月）と（右）最新鋭の移動式ペトリオット・ミサイル（1995年10月）（著者撮影）

ティ）も具体化し、装備面での日米一体化も進んだ。八二年以降、「極東有事研究」も開始された。その主作戦正面は朝鮮半島である。

「シーレーン防衛」では、日本周辺数百海里、航路帯一〇〇〇海里が責任分担領域となった。「極東」（グアム以西、フィリピン以北）が日本の「防衛」範囲にカウントされてきたわけである。この発想法は、さらに中東における事態をも含む「波及型有事」構想へと連動していく。かくて「ガイドライン」は、新・新安保条約ともいえるほどの質的変化を日米間の軍事関係にもたらしたのである。

八〇年代のレーガン米大統領と中曾根首相の時代に入ると、かつてないテンポと内容で、軍事領域におけるさまざまな施策が積極的に展開された。中曾根時代の「功績」は、「ガイドライン」の一層の具体化のほかに、「中期防」(中期防衛力整備計画)の決定と「GNP比一%枠」の撤廃、アメリカ向け武器技術供与の特例化(武器輸出三原則の空洞化)、安全保障会議の設置、イラン・イラク戦争時の掃海艇派遣の試みなど数多くある。中曾根時代に敷かれた路線は、「冷戦の終焉」後の状況のもとで花開くのである。

四　「ポスト冷戦」と自衛隊の変容――「国軍」化への道

(1) 自衛隊の国際政治的利用――「国際貢献」

湾岸戦争を契機に、「一国平和主義」批判が意図的に散布され、軍事的協力へのプレッシャーが、「国際貢献」の名のもとにかつてなく突出してきた。若干の紆余曲折や政治家の右往左往(海部首相の「ブッシュホン」など)を伴いながらも、自衛隊の海外出動は確実に進展した。まずは湾岸戦争の「戦費負担」(九〇億ドル)から、そして機雷処理のための掃海艇湾岸派遣へと続く。「とにかく出す」ということで詰めの甘かった「国連平和協力法案」は廃案となったものの、それからわずか一年余で「PKO等協力法」が成立した。

これにより、国連のPKO(平和維持活動)と、「人道的な国際救援活動」への自衛隊参加の道が開かれた。同時に成立した国際緊急援助隊法(改正法)により、海外での大規模災害救援への自衛隊参加も可能となった。自衛隊の海外派遣の三ルートが確保されたわけである。

自衛隊のPKO参加は、「PKO五原則」に基づく。紛争当事者間の停戦合意、受け入れ同意、中立性厳守、条件が満たされない場合の撤収、必要最小限の武器の使用、である。だが、この原則の解釈・運用をめぐって多くの問題が生じた。また、指揮権の所在、武力行使と「武器の使用」との関係など不明確な点も多い。平和維持軍(PKF)の本体業務は、当分の間行わないという形で「凍結」され(附則二条)、施行後三年が経過した場合(一九九五年八月以降)の「見直し」も予定されている(附則三条)。

この法律のもとで、自衛隊の「逐次投入」が実施されていく。まず、カンボジアへの施設大隊の派遣(一九九二年九月―九三年九月)。次いでモザンビークへの輸送調整中隊の派遣(一九九三年五月―九五年一月)である。続いて、ルワンダ難民救援のためと称して、陸自部隊がザイールのゴマに派遣された(一九九四年九―一二月)。これはPKO等協力法の「人道的な国際救援活動」に基づくものである。この時は、施設・衛生・輸送といった後方要員だけでなく、武装した警備専門部隊(四七名)も初めて派遣された(指揮通信車に汎用機関銃一丁を装備)。

なお、一九九六年二月より、陸自の輸送・支援部隊を中東ゴラン高原に派遣することが決定された(一九九五年八月)。イスラエルとシリア、レバノン国境地帯の戦略的要衝である。早晩、PKF本体業務の「解凍」の動きも出てこよう。

(2) 自衛隊の組織・装備の変容

自衛隊の海外任務の拡大に伴い、自衛隊の組織・装備などにも変化があらわれている。海自では、対潜作戦・対機雷戦中心から、海上打撃力強化(前方プレゼンス能力)と長距離補給能力向上(大型輸送艦と補給艦)に重点が置かれる。今後、大型病院船の保有も検討されてこよう。リムパック94も「地域紛争対処型」にシフトしている。空自は、対地支援能力の向上(海外で活動する地上部隊の援護)や長距離輸送・補給能力の強化(C17輸送機や空中給油機の保有)が重視されよう。陸自は、組織のスリム化をはかるとともに、ハイテク装備でコンパクトな緊急展開部隊を編成する方向も出てくるだろう。軍事的介入能力の保持は、国際政治的カードとなる。AWACS(早期警戒管制機)やイージス艦を含め、それらの装備は、いずれも「専守防衛」の枠を越えるものである。

そうした兆候は、九四年八月の「防衛問題懇談会」報告書に一部示されている。報告書は、防衛庁生え抜きの実力者・西廣整輝(元次官)のイニシアティヴによるところが大きい。「冷戦の終焉」後の「多角的安全保障戦略」を説き、PKO本務化のための自衛隊法改正と、PKF本体業務の凍結解除、各種テロ行為や武装難民流入等への対処能力の重視、装備のハイテク化と戦闘部隊の効率的再編(旅団化、定数の削減等)、戦域ミサイル防衛(TMD)の導入、危機管理体制の確立と情報の一元化などを提言している。かかる構想を実現するには、「集団的自衛権の行使は違憲」との従来の政府解釈の変更も射程に入ってこよう。

(3) 安保の再定義と「死活的利益」論

「ポスト冷戦」がいわれるなか、日米安保体制は、地域紛争や低強度紛争(LIC)対処型の軍事同盟にシフトしている。九二年一月の日米共同宣言は、アジア太平洋地域を、日米にとっての「死活的利益」をもつ地域と呼んだ。だが、「全世界で米軍を支援する」という方向とともに、日本自身の権益保護という生臭い狙いが通奏低音としてキープされつつある点も見逃せない。

在日米海兵隊司令官は、在日米軍は「日本の軍国主義化を防ぐためのビンのフタである」と述べたが(一九九〇年三月)、ビンの中では、フタを押し上げる「炭酸の泡」も生まれつつある。石原慎太郎は『「NO」と言える日本』(盛田昭夫との共著、光文社、一九八九年)で、端的に自衛隊の対米従属性を批判し、「独自の日本的なものに改めるべきだ」とする。一方、小沢一郎のように、対米従属構造を維持したままで、自衛隊の国際政治的利用の蓄積により「自立」の足掛かりを得ようとする方向もある。

日本は、九四年の海外資産残高が二兆一八〇八億ドル。対外純資産は六〇〇〇億ドルもある。この年の日本の経常収支の黒字の約半分は東南アジア貿易が占めている。アジア経済圏は日本の

「死活的利益」となった。「大英帝国」の斜陽化久しく、パックス・アメリカーナもかつての勢いはなく、その間隙をぬって姑息な「大円帝国」が跳梁するか。海外在留日本人六九万人というなかで、「平成の海軍陸戦隊」を求める声が民衆のなかから起こってこないという保証はない。

(4) 災害派遣と自衛隊

一九五一年九月の「ルース台風」の時、山口県に警察予備隊が初めて災害派遣された。それ以降、災害派遣は自衛隊にとって、最も重要な「余技」であり続けた。どの世論調査を見ても、国民が自衛隊を支持する理由のトップは、本務の「防衛」でも、トレンドの「国際貢献」でもなく、地味な「災害派遣」である。「災害地　陽の目が当たる　日陰の子」という部内の川柳大会の作品は、その気分をよく示している。

九五年一月の阪神・淡路大震災は、その自衛隊の国内的地位を飛躍的に高めた。テレビ映りのいい野外炊具1号や浄水セットなどをはじめ、施設科部隊のトラックやドーザ、各種施設器材がフル活用され、「たのもしい自衛隊」を大いにアピールした。災害派遣それ自体が、市民のためになっている面は否定できない。被災地での、末端の自衛隊員の献身的働きに他意はないだろう。しかし、そのことは、憲法違反の軍隊であるという本質を何ら消去するものではない。「もっと早く自衛隊が来ていたら」という善意の意見があることも確かである。しかし、戦闘を主任務とする自衛隊は、消防レスキューのような救助のプロではない。災害後の瓦礫処理にマンパワーを発揮するくらいの仕事が適当である。自衛隊の災害派遣の過大評価は、むしろ消防や救助組織の不十分な体制の改善を遅らせることにも通ずる。

ところで、九二年の国際緊急援助隊法の改正により、陸自各方面隊は海外への災害派遣に備えて待機態勢に入った(三カ月ワン・クール)。待機に入ると、国内の災害派遣「待機」は解除となる。九五年一月から三月までの国外待機は、神戸を担任する中部方面隊だった。阪神・淡路大震災が起こったのは、その一月のことだった。「国際貢献」は、日本の国家的パフォーマンスが目的である。こうした「アリバイ的な任務」のために、そのつど末端の自衛隊員は翻弄されている。九五年三月の地下鉄サリン事件。防護マスク四型をつけ、戦闘用防護衣を着た「捜査員」がテレビ画面いっぱいに映し出された。陸自には、第一〇一化学防護隊(一四〇名)のほか、一三の師団すべてに化学防護小隊がある。地震の次には、毒ガスに対する備えは万全というわけか。このわずか数カ月で自衛隊は、何年分もの広報予算に匹敵する宣伝効果をあげた。

九五年七月に政府決定された新防災基本計画は、「自主派遣」(知事の要請を待たないで自衛隊が出動する)や、自衛隊と自治体との「連携」を前面に出した。協力を拒否する自治体は、「非国民」ならぬ「非自治体」の烙印を押されそうな勢いである。

(5) 深刻な組織問題

定員割れの悩みは何も大学だけの話ではない。自衛隊の組織状況も深刻である。自衛官の定員は二七万三八〇〇人(うち陸自が一八万人)。だが、定員充足率は八五・四％(一九九四年三月末、以下同じ)。陸自だけでは八一・二％。このうち、士クラス(兵隊)の充足率は六三・八％。陸自の士クラスの充足率は五六・六％という状況である。幹部・曹はあふれているが、肝心の兵隊(陸士)が圧倒的に足りない。内部の状況は、「あまりにも退屈で、無気力で、お役所的」と評されるように、その「士気」は必ずしも高くはない。自衛隊に対する政治の側の「無理解」も、自衛隊内部のフラストレーションを高めている。そうしたなかで、とりわけ湾岸戦争前後から、現職の制服幹部が強力な自己主張を始めた。その主な内容は次の通り。シビリアン・コントロール(文民統制)の「正常な形態」の確立(「軍令」事項は制服組の補佐に委ねる)、法的根拠の明確化(自衛隊法本則の改正)、必要な装備や部隊編成、自衛官に対する物心両面での正当な処遇、などである。

ところで、六〇年代以降、自衛隊をめぐるクーデターの動きは計三回あった。まず、一九六一年六月の「ＵＰＩ誤報事件」。ＵＰＩが東京発のフラッシュで、陸自内部の一二名の幹部自衛官によるクーデター計画を伝えた(真偽不明)。同年一二月には、旧軍人が中心となって「失業無き、税金無き、戦争無き」社会建設を掲げてクーデターを計画。関係者一四名が逮捕された(八名が有罪確定。破防法適用事件)。「三無事件」である。発覚直後、第一空挺団長が依願退職した。そして七〇年一一月の「三島事件」。作家・三島由紀夫と「楯の会」メンバーが市ケ谷駐屯地に乱入し、東部方面総監を人質にとり、クーデターを呼びかけたが失敗。三島らは自決した。

そして、九五年春。オウム真理教による第一空挺団(千葉県習志野市)に対する組織的工作が発覚した。実際、複数の隊員がオウム信者として犯罪行為に加担していた。第一空挺団はレンジャー記章をつけることが許される、能力・士気・練度の高い最精鋭部隊で、「本当の人殺し」ができる唯一の部隊である。習志野は東京に近接する絶好のロケーション。戦後の怪しげな事件に第一空挺団がしばしば登場したのも偶然ではないだろう。

(6) 自衛隊と企業・マスコミ

「人材育成に不可欠」「不況乗り切りの原動力」「男女差なし」。九〇年代に入り、企業が社員研修に自衛隊体験入隊を利用するケースが急増している(毎年三月中旬から四月中旬に集中)。体験入隊にとどまらず、企業が給料を払って、社員を一定期間自衛隊に入隊させ、予備自衛官の欠員を補充する方向や、学生等の予備自衛官化構想(「公募制」)も検討されている。

元制服組からは、予備兵力確保のための「安全保障協力事業団」構想も出ている。公社・公団方式で、予備自衛官を職員としてプールしつつ、土木建設など各種サービス業務を行うという。

自衛隊では、すでに一部機能の民間委託も実施されているが、今後、支援部門などで「分割民営化」の方向もありうる。

ところで、一九六〇年七月の「防衛庁の広報活動に関する訓令」以降、広報活動は、自衛隊の「最重要の国内戦略」と位置づけられてきた。八〇年代後半から、その広報活動は質的に転換した。受け身の広報から「攻勢転移」し、積極的な広報が目立つようになった。『セキュリタリアン』誌の発刊、映画やテレビ番組、娯楽雑誌等への協力まで、目を見張るものがある。これまで隠されてきたものが、一気に露出度を高めている点では、ヘア・ヌードの「隆盛」と時期的に重なる。かくて、企業とマスコミにおける自衛隊の位置づけは一変した。

五　自衛隊の解体と非軍事組織への転換

防大一期の英傑・源川幸夫元陸将は、「国民が自分達の国民軍として自衛隊を敬愛し、信頼することが、崩壊の危機にさらされている自衛隊を蘇生させる唯一の道なのである」と説き、現在のような自衛隊は解体せよと主張する。逆説的表現で、自衛隊の軍隊としての明確化を求めている。「あいまいな日本」の「あいまいな軍隊」ではなく、いい加減にすっきりしたい。そんな「衝動」は今後ますます強まってこよう。

武力紛争が各地で発生しているとはいえ、大局的に見れば、世界は確実に軍縮の方向に向かっている。ベルギーはすでに兵役義務を廃止し、オランダも九八年にこれに続く。若干の諸国家も兵役義務の廃止を検討している。ドイツでは、将来の兵役義務の範囲に関して、完全な不明確性が支配している(兵役拒否の増大も著しい)。地球規模での非軍事的活動の必要性はますます増大している。そうしたなかで、GNP世界第二位の日本が、日本国憲法の先駆的な平和主義を放棄し、「普通の軍隊」をもつことのマイナス効果は計りしれない。

軍隊とは、「祖国を防衛すると称して、敵に侵略する気持ちを起させそうなものをことごとく食いつくしてしまう非生産者の一集団」である(ビアス『悪魔の辞典』)。憲法九条の理念に忠実に、軍隊としての自衛隊を解体し、国内外の環境破壊や災害などに対処する非軍事的組織に転換《コンバート》させるならば、それは世界の平和に対する極めて重要な寄与となろう。

(渡辺治編『現代日本社会論』労働旬報社、一九九六年、所収)

第二章　軍事力は平和の前提条件か——ポスト湾岸戦争の平和と憲法

1　平和的国際協力の理念と現実

はじめに

「憲法と国際協力」というテーマに関わる一般の議論状況は、わずかな期間に大きく変化した（特にマスコミ）。憲法や立憲主義そのものに対する軽視や無視の程度を超えて、その蔑視の兆候さえあらわれている。「守旧派の権化」扱いされている憲法学（者）の内部にも、微妙な変化が生まれている。圧倒的重量感をもつ「既成事実」（違憲の憲法現実）の蓄積を前に、憲法規範の「存在の耐えられない軽さ」を慨嘆するのではなく、二一世紀に向けた日本国憲法の新しい可能性を探ることこそ肝要であろう(1)。本報告では、全国憲法研究会におけるこれまでの検討を踏まえながら、この一年余のPKO等協力法に基づく「国際貢献」の中間小括を行い、日本国憲法の期待する国際協力のあり方について、軍事力によらざる「もう一つの道」の提示と若干の私見を述べることにしたい。

一　平和的国際協力の憲法理念——日本国憲法の対外関係枠組

日本国憲法前文・九条を中心に構成される無軍備・立憲平和主義は、国民が軍事装置によるさまざまな侵害から免れるというだけでなく、同時に、対外的にも対内的にも軍事的諸関係の形成・展開を認めないということをも含意する。これが国際協力の内容と方向を規定する基本的枠組となる。まず、前文第一段には、「政府の行為によつて再び戦争の惨禍が起ることのないやうにすることを決意し」とあり、国際協力を含む政府の対外政策はこの責務に拘束される。また、「平和を愛する諸国民の公正と信義に信頼して、われらの安全と生存を保持しようと決意」することにより、諸国家ではなく、諸国民(peoples)の「公正と信義」に基礎を置いた平和保障のコンセプトが示されている点も重要である。国際協力においても、もっぱら国家を中心としたものから、各国の国民に依拠したものへの転換が求められる所以である。さらに、日本の対外関係枠組は、目的における平和的生存権の実現、手段における平和的方法への徹底である。平和は、「戦争の不在」すなわち国家内および国家間の潜在的暴力の状態のみならず、人権の実現過程として把捉されるべきである(「積極的平和」)。それゆえ、「平和破壊」とは、戦争的行為を意味するにとどまらず、人権に対して向けられるあらゆる行為と解される。平和が人権に基礎を置くとすれば、それは、人間のすべての生活領域に一貫させられ、かつ憲法上実現されるべき構造原理を表現する。[2]

この点で、七〇年代半ばに高柳信一会員が、平和を、議会制民主主義の多数決の原理に委ねられてはならない、常に選択されねばならない価値として把握されていたことが想起される。[3]「全面核戦争」の選択肢が存在した当時とは状況は大きく変化したが、この把握自体の有効性は失われていない。「人権のための軍事干渉」がいわれる今日、この点は特に重視されるべきだろう。「国際平和」を目的としたものであっても、武力行使の諸形態は憲法上許されないのである。[4]かかる視点からすれば、国連が行う「国際公共価値」実現のための武力行使(そのための実力組織の保持を含めて)は憲法九条の禁止の範囲外であるとする解釈[5]は、とうてい支持しえない。

冷戦後の新しい状況の下で重要なことは、「国民国家の破壊力(軍事力)を無害化すること」であって、かりに各国の軍事力を国連が「集約」して統一的に使用したとしても、「破壊力の中央集権化は暴力の独占にすぎない」のであり、それに対する選択肢は、「国民的平和政策」による国民国家レヴェルでの破壊力(軍事力)の排除である。[6]したがって、国連の軍事的強化の方向に協力するよりも、まず各国が対内的な脱軍事化(軍隊の縮減、兵役義務の廃止等)を行うことこそ肝要である。ドイツの平和学者A・メヒタースハイマーの近著によれば、これは「国民的平和主義」(nationaler Pazifismus)ないし「国民平和主義」(Nationalpazifismus)と呼ばれる。[7]これを憲法レヴェルでより徹底していたのが、日本国憲法の無軍備・立憲平和主義といえるだろう。

二　平和的国際協力の現実――ＰＫＯ等協力法中間小括

(1) 自衛隊による「国際貢献」

「諸君は平和のオリンピックに参加したのだ」。西元徹也陸幕長(当時)は、第一次カンボジア派遣施設大隊解散式の訓示でこう述べた(一九九三年四月一四日)。もっとも、派遣隊員たちの本音は、部内紙に寄せた「川柳」に滲み出ている。「夢うつつ　銃撃戦で　飛び起きる」「ＰＫＯ　手当てにつられて　税に泣く」「何よりも　エイズが怖い　妻怖い」等。[8] また、モザンビーク派遣輸送調整中隊(第二次)の隊歌「平和の兵士 We are Blue Helmets」の三番までの共通歌詞は、「故郷遥か遠く　日は陽やかに　珠汗流せ　United Nations」である。自衛隊歌の多くが郷土の地名や「祖国」「この国」を頻用しているのとは大きな違いである。[9]

経過を略述しておこう。カンボジア派遣では、施設大隊(一個施設大隊基幹)と停戦監視要員(八名)が二次にわたり派遣された。また、空自第一輸送航空隊による空輸支援、海自輸送艦による輸送業務も実施。アフリカのモザンビークにも、輸送調整中隊が派遣された(輸送手段の割当・調整、通関補助等の業務に四八名、司令部の幕僚勤務に五名、の計五三名)。その他、第六次国連化学兵器調査団(イラク)への参加(一九九一年五月以降)の継続がある(一九九一年一〇月から陸自化学学校の二名の二等陸佐が自衛官として初めて査察に参加して以来、九二年八月からの廃棄作業監視業務にも参加。九三年七月以降、後任と交代して続行)。

ところで、右のような自衛隊による「国際貢献」の活動は、自衛隊をめぐる議論状況を一変させた。「どれだけ欠陥の多いＰＫＯ等協力法であろうとも、従来の防衛論議からは三歩前進した」(志方俊夫・元北方総監)。長らく「災害地　陽の目が当たる　日陰の子」(第二回朝雲川柳大会佳作)と言われてきた自衛隊。今や、「軍隊でなぜ悪い」という形で「常識」の線が大きく変動した(一九九三年の『防衛白書』が「歩兵」「砲兵」という言葉を初めて使用したのもその現象形態)[10]。またも違憲の「既成事実」が先行し、憲法の規範力を退縮させていくパターンである。

(2)　ＰＫＯ等協力法施行後の問題点

さてここで、ＰＫＯ等協力法施行後の問題点の中から、基本的な論点のみ指摘しておこう[11]。

まず第一に、派遣決定過程の問題である。カンボジアに続いて、アフリカのモザンビークにも自衛隊が派遣されたが、法律上、政府の判断でいかなる地域にも派遣することが可能である。実施計画の内容に疑問があっても、それが国会で十分にチェックされることなく派遣が行われていく。なぜモザンビークなのか、という疑問には、「「日本はアジアにしか関心がない」という疑念が国際社会にある。だからアフリカの平和に貢献するというグローバルな視点を示す必要がある」(柿沢弘治・外務政務次官〔当時〕)という答だった。モザンビークは東経三五度だが、同経度にはレバノンやウクライナ等がある。法律上は、派遣先に地域的限定はない。

第二に、「PKO五原則」と業務の中断、撤収(PKO等協力法六条一三項一号、八条一項六号)の問題である。カンボジアにおける自衛隊の活動全般を通じて、これが一貫して問われた。特に停戦合意原則の空洞化は著しかった。当該原則に関し、PKO等協力法審議過程の政府答弁に基づけば当然撤収しなければならないような事態が継続したにもかかわらず、政府は当該原則を極めて限定的に解し、ついに撤収を行わなかった。今後の「予防展開」や「平和執行(強制)部隊」(PEU)の諸形態との関係で、この「原則」の存在意義が問われてこよう。また、国連のガリ事務総長が安全保障理事会に提出した報告書では、独自判断による撤退の再検討を提案している(ソマリアでのイタリア軍の撤退問題が契機)。従来認められてきた独自判断による撤収を原則的に否定し、撤収決定権を事務総長・安保理に付与している。これはPKO等協力法の前提に関わる。

第三に、実質的な「二元統帥」状況が現出したことである。日本側の「指揮」と国連現地司令官の「指図」(コマンド)との区別の曖昧さが、現地で具体的に問題となった。もともと軍事的には、当該国の全面指揮権(full command)と作戦指揮権(operational command)の区別の問題である。PKO等協力法審議過程では、国連の作戦指揮権(コマンド)は「指図」と読み替えられ、実施計画、実施要領を経由して初めて効力をもつものとされていたが、現実にはこれが破綻したわけである。結局、「派遣した以上は……」という狭い選択肢に議論が絞り込まれていくところに、この問題の深刻さがある。

第四に、「武器の使用」(PKO等協力法二四条)と「武力の行使」との関係の問題も、実際の活動の中でさまざまに問われた。特に防衛庁の「武器使用要領」(一九九二年一一月)と国連のSOP(標準行動基準)との矛盾は、そのまま現地に持ち込まれた。カンボジア現地で自衛隊員が武装した際、双方の要領をメモしたものを両方携帯したという。これも指揮権の問題と同様、SOPに従った武器使用の方向で調整されていくだろう。

第五に、道路建設を任務とした施設部隊が、PKO等協力法にも実施計画にもない活動を実施させられたことである。カンボジア総選挙直前の混乱する事態の中で、西元陸幕長は、武装した隊員が車両を使って、「情報交換のために選挙監視要員らを訪問する」という方針を発表した(一九九三年五月二〇日)。現地の施設大隊は、武装した偵察班八個を編成。投票所での「情報収集」と「水・食料の提供」という活動を行った。「巡回」は凍結されたPKF(平和維持軍)の任務であり、他方、「警護」はPKO等協力法の枠を越える任務である。防衛庁長官は、「PKFはある程度の武力を持って「巡回」し、事件が起きたら力で制圧することも含まれる。今回の「偵察」は、あくまで状況の把握と情報の収集によって要員の安全をはかるという趣旨だ」としたが、極めて問題であろう。いずれにせよ、当該地域に派遣された部隊指揮官の裁量の範囲に属する問題ではなく、PKO派遣の原則に関わる重大な問題であった(安全でなくなれば、撤収しなければならない)。この点は総選挙の「成功」後にほとんど省みられなくなったが、事実の究明を含め、重要な論点として残っている。なお、カンボジアでもモザンビークでも、佐官クラスの自衛官が現地の軍事司令部の幕僚として勤務している。量的(人数的)にわずかとはいえ、軍事部門全体の指揮・統制に関わる部署に自衛官が参加していることは、まさに「PKF凍結」そのものに関わる質的問題を含むといえよう。

第六に、PKO等協力法の見直し(附則三条)、「PKF凍結解除」(附則二条)の問題である。三年後の見直しどころか、一年で法律を「現実」に合わせてしまうとは驚くべきセンスではある。この点で、UNTAC(国連カンボジア暫定行政機構)の明石康代表(当時)が九三年九月一五日、「日本の国内世論が許せば、将来陸上自衛隊の歩兵大隊派遣を要望する」と述べた点は注目される。防衛庁内にも、PKOで評価されるには、危険度の高い軍事部門に普通科(歩兵)部隊を出すのが一番との声もあるという。その場合、派遣モデルとして、既存の普通科連隊を母隊にして増強大隊を編成。警備任務上、本部管理中隊(三〇〇名)、六個小銃中隊約一五〇〇名の大隊編成とし、小火器、軽迫撃砲、携帯対戦車火器、携帯SAM(短距離ミサイル)、通信機材、炊事用具、衛生資材等を装備。一個連隊主力が三、四カ月現地勤務をめどに、交代用三個連隊を逐次編成する、というモデルもすでに想定されている。(12)

(3)「普通の国」の「普通の軍隊」(国軍)への道

さて、戦後初めて日本国外(東南アジア地域)に部隊を派遣したことの意味は何か。かつて栗栖弘臣・元統幕議長は、昭和時代に根づいた国防の基礎力(ハード)に対して、平成時代は魂(ソフト)を入れることが緊要だと述べた[13]。石塚勲空幕長(当時)はいみじくも、「国軍としての自衛隊が初めてアジアのために汗を流すことは大変意義深い」(小牧基地での空幕長訓示)と述べた。だが、自衛隊員の流した「汗」は意味のあるものではなかった。この点では、ドイツ連邦軍のカンボジアやソマリア等への派遣に対してT・バスティアンが言った言葉が妥当する。すなわち、その活動は本質的に「平和政策上余計なこと」であり、「デモンストレーション的意味しか持たない[14]」と。これは、「国際的責任」の名のもとに行われる「国家的自己満足」の産物であるにとどまらない。まさに「国益」そのもの、将来の「見返り」が追求されているのである。ここでは関連して、次の四点のみ指摘しておきたい。

第一に、国際的な災害援助も含め、「国際貢献」活動がなぜ自衛隊でなければならないかという問題である。その理由としては、①軍事的専門知識や経験を必要とすること、②自己完結的能力を有すること、がしばしば挙げられる(『防衛白書』等)。自己完結性には、空中機動力、路外機動力、通信能力、野外救急医療能力、各種後方支援能力等のトータル・パッケージが含まれる。だが、医療一つとっても、軍事医療は作戦支援主義であって、災害医療とは似て非なるものである。[15] 実態を踏まえれば、自衛隊の安易かつ簡易な「活用」は極めて疑問であろう。

第二に、「国際貢献」を「余技」から「本務」へと格上げする動きが注目される。これまで、「余技」を多く規定する自衛隊法第八章「雑則」がフル活用されてきた(PKO協力業務は雑則の一〇〇条の七、国際緊急援助隊の任務は一〇〇条の六に規定)。もともと雑則とは、法令の実体的規定全般に共通されるような事項で、総則として規定するのに適しないような技術的・手続的なものを置くものである。湾岸危機の際に問題となった「特例政令」は、隊法雑則(一〇〇条の五)のレヴェルと、さらにその下の政令(隊法施行令一二六条の一六)のレヴェルに、内容上全く異質な重要事項を追加するというもので、法の段階構造を無視した「法の下剋上的現象」といえる。[16] 在外邦人の「救出」を目的とした任務も、雑則である隊法一〇〇条の八の新設によって規定されることになっている。だが、全世界にいる在外邦人六〇万人を「守るべき対象」に加えることは、本則である隊法三条の任務・行動規定の変更に連動する、「自衛隊」の基本性格に関わる問題を含んでいる。

第三に、PKO活動は、自衛隊の組織・編成、装備から運用思想、教育訓練、精神教育に至るまでさまざまな影響を及ぼし、従来の自衛隊の「形」を徐々に変化させている。特に人事上の問題は重要である。九三年の段階で、自衛隊は充足率八六・八%(陸自は充足率八三・五%)であるが、「防衛計画の大綱」の「見直し」の中で、自衛官の定数を削減するとともに、有事に際して「予備役」(予備自衛官、四万七〇〇〇人)に加え、民間から志願の予備役を新たに募る方向で検討するという。PKO要員についても、現職自衛官に加え、予備自衛官および中途退職者の中から選抜する「一部志願制」の導入も検討されている。[17] 関連して、有事法制の再整備の問題がある。海外派遣任務の拡大に伴い、犯罪等を取り締まる警務官の権限拡大や、憲法七六条二項との関係で不可能と考えられてきた特別の司法機関(軍法会議の諸形態)も検討課題にのぼらざるを得ないだろう。

第四に、最近の議論の傾向を見ると、右に見てきた現存自衛隊の変化に積極的な意味づけを与える議論が生まれていることである。「能動的平和創出戦略」を説く自衛隊再編論(小沢一郎『日本改造計画』)から、「新コンスタブラリー・フォース」論(中村好寿)、「最小限防御(衛)力」論(「平和基本法」提言)に至るまで、実に多様である。このうち、「新コンスタブラリー・フォース」論は、「多機能集団」としての軍(自衛隊)の性格に着目。災害にも、「新しい脅威」(武装難民、国家テロ)にも対処可能な、新しい軍隊(自衛隊)活用論である。[18] これに関連して、古典的な軍隊機能とは相対的に区別された「軍隊の警察機能」をめぐる議論もまた、「邦人救出」のレヴェルを超えて、各地の紛争等への関与の新しい形態として注目しておく必要があろう。

三　平和的国際協力のあり方

(1) 新たな「軍事介入」論

さて、ドイツでも、日本同様、国際協力、「国際貢献」の議論は活発である。湾岸戦争や「新バルカン戦争」を契機に、従来、平和主義を唱えてきた人々や平和運動の側からの「軍事介入」論も生まれている。カール・ポパーもまた、平和を救うための戦争という選択肢(オプション)を倫理上正当化する。「今日の我々の第一の目標は平和でなくてはならぬ。フセインや同様の独裁者が現存する世界では、それを達成することは非常に難しい。ここで我々は、平和のために戦争を遂行することにひるんではならない。……戦争は悲劇だが、世界を救おうとするならば、我々は、それをなさねばならない」[19]と。ドイツの平和運動の中にも「主戦論者と平和主義者の対立」が生まれ、「緑の党」内にも、連邦軍の積極的派兵を要求する議論が出ているという。ちなみに、本日(一九九三年一〇月九日)、ドイツのボンで開催されている「緑の党」臨時党大会は、平和主義路線を一応維持したが、党内には軍事介入を主張する有力な潮流があることが明らかになった。[20]

ところで、非軍事は「逃げ」ではない。軍隊の存在そのものが人権や民主主義に及ぼすマイナスの影響も無視しえないというだけでなく、紛争の解決のためには、非軍事的方法こそ有効であるというスタンスが必要である。それこそが、紛争の原因を除去する「根幹治療」ともなりうるのである。いわば「間接的アプローチ」(L・ハート『戦略論』)の応用である。以下、具体的事例をいくつか紹介しておこう。

(2) 「軍事の論理」に対するオルタナティヴ

今日、「冷たい平和」の時代に多発する武力紛争の諸形態に対処するため、「平和執行(強制)部隊」の投入を含む軍事的「即効性」に依拠する傾向が強まっている(ソマリアの例)。しかし、国連(特に安保理)の現状を前提とした、安易で簡易な「軍事」への期待は問題である。[21] ドイツでも、連邦軍を、現在のPKO活動(「ブルー・ヘルメット」)にとどまらず、「グレー・ヘルメット」(危機対応部隊(KRK))へと転換させていくか、それとも国内外の災害救助・環境保護活動を主任務とする「グリーン・ヘルメット」(エコロジー部隊)に転換するのかをめぐり、さまざまな議論がある。[22] ソマリアには「イエロー・ヘルメット」の非軍事の連邦技術支援隊(THW)が人道援助のために派遣されていたが、連邦軍派遣後は現地の反発を招来し、その活動は困難に陥ったという。[23] A・ブーロは、紛争原因等の早期発見、武器輸出の規制、軍需産業転換への構造援助といった紛争予防的措置から、地域的紛争処理のルールと手続、さらには国連改革に至る「非軍事的・市民的紛争解決への道」を九点にわたり提示しているが、その中で人道的援助および災害援助のための国際的に出動可能な「緊急援助組織」の樹立を提起している。[24] そして具体的には、旧ユーゴ内部の反戦平和運動との連携・連帯を重視する援助活動も展開している。[25]その成果はささやかなものではあるが、そのコンセプトは注目されてい い。平和に関する問題では、「国家」ないし「民族」から「民衆」への視点のコンバートが求められる所以である。

さらに、非暴力・非軍事をより徹底させた活動はさまざま存在する。

国際平和旅団（PBI）のドイツ支部誌

その一例として、まず国際平和旅団（ＰＢＩ）がある。その出自はガンジーに遡及する（一九五七年に弟子のＶ・ブハビが設立した平和軍 shanti sena が直接のルーツ）。紛争地域に派遣され、非暴力・中立・不干渉の原則に基づき、紛争当事者を仲介し紛争の鎮静化をはかるのが目的である。グアテマラ、エルサルバドル、スリランカ等で活動しているほか、ボスニア、クロアチア、北アイルランド等にもチームを派遣している。[26]

さらに、万が一の「侵略」に対しても非暴力抵抗を主張する「市民的防衛」(civilian defense) ないし「社会的防衛」(soziale Verteidigung) の議論も、冷戦後の新しい状況の下での非暴力的紛争解決の形態と方法という意味で注目されよう。[27]

国内に目を転じれば、「愛ある手」との愛称をもつ「国際消防救助隊」(IRT－JF〔International Rescue Team of Japanese Fire-Service〕) の活動が重要である。一九八六年四月発足。全国四〇消防本部五〇一名が登録している(一九九一年一一月現在)。この活動は、市町村自らが行う団体事務としての性格をもつが、派遣業務そのものは国際協力事業団が行っている。八六年八月のエルサルバドル地震災害への初派遣以来、世界各地に派遣されている。[28] 八七年九月の国際緊急援助隊法施行により、この組織は国際緊急援助隊の一部を構成することになった。まだまだ多くの弱点や課題を残すが、非軍事的な国際協力の形態として、また本格的な「国際救助隊」に向けた萌芽として、積極的に評価しうるだろう。

今後、災害多発国との間で、事前の災害救援についての国際協定を締結する必要性等も指摘されている(要請なしの派遣可)。なお、当時の小沢一郎自治大臣は、「国境を超えた」救助活動を「画期的かつ意義深いもの」と述べ、その体制整備を約束していた。[29] それにもかかわらず、いや、そのゆえにこそ、湾岸危機以降、自衛隊海外派遣のため、この組織の存在と活動を執拗に黙殺したのは偶然ではない。

むすびにかえて――「民主的軍隊論」の終焉

最後に、ややレヴェルを異にするが、理論的問題を一点だけ付言しておく。以上述べてきたような平和的国際協力の方向を追求していく場合、現存自衛隊の「解編」(軍事組織としては解散し、国際的な災害防護・環境保護のための新たな組織を編成すること)の議論も必要になってこよう。その場合、将来にわたって軍事的オプションを一切排除していくのか、それとも「民主的」国家形態の下での「民主的軍隊」の可能性を留保しておくのかという問題が残されている。憲法論として見た場合、これは憲法改正に関する限界論のところでも問題となりうる。従来、憲法改正限界説をとった場合でも、こと平和主義に関しては微妙に解釈が異なっていた。一方の説は、将来的に一定限度の軍備を保有するために九条二項を改正することも憲法上可能であるとする。この説は、平和主義そのものと、それを達成する手段(軍備の禁止)とを区別し、九条一項の戦争放棄については「永久にこれを放棄する」とされているので、憲法改正の限界にあたるが、二項の戦力不保持には「永久に」という文言がないので、限界の対象にならないとするものである。これに対しては、九条二項を改正して一定の軍備を保持した場合、人権規定の変更(軍事目的による人権制限等)にもつながり、憲法の同一性が失われるから、二項の非武装規定の改正は憲法改正の限界を越えるとの見解が対立する。そもそも九条二項は日本国憲法の平和主義を特徴づける核心的規定である。もし二項がなければ、日本国憲法は、不戦条約以降の系譜に属する「普通の憲法」になっていただろう。平和主義を憲法改正の限界にカウントする以上、「一項・二項分離論」はとるべきではないだろう。「自主防衛」であれ、「中立自衛」であれ、何らかの戦力の保持を可能にするような九条二項の改正は、将来、いかなる政府形態の下においても許されないと解すべきである。

最後に、今後、軍事的な「国際貢献」を批判していく場合、軍事力によらない紛争解決・問題解決の方法と展望を示す「未来志向型根拠づけ」を明確にしていくことが求められることを強調しておきたい。日本国憲法に基づく積極的平和構想の一層の研究が期待される所以である。

（1）　棟居快行「憲法「再発見」のすすめ」『朝日新聞』一九九三年五月一日付。

（2）　以上の叙述は、Vgl. D. S. Lutz, 〈Positiver Frieden〉 als Verfassungsauftrag, in: HSFK (Hrsg.), *Friedensanalysen — Für Theorie und Praxis 6*, Frankfurt/M. 1977, S. 180, 195f. なお、「積極的平和」を憲法に読み込み平和概念を拡張することに批判的な見解もある。Vgl. C. Tomuschat, Die Entscheidung für die internationale Offenheit, in: Isensee/Kirchhof (Hrsg.), *Handbuch des Staatsrechts*, Bd. 4, Heidelberg 1992, S. 512f.

（3）　高柳信一「人権としての平和」『法律時報』一九七五年一〇月臨時増刊「憲法と平和主義」三三一―七〇頁。

（4）　拙稿「現代憲法における平和と安全保障」『公法研究』五五号、四四頁。

(5) 大沼保昭「「平和憲法」と集団安全保障 二・完」『国際法外交雑誌』九二巻二号、六二—六三頁。

(6)(7) Vgl. A. Mechtersheimer, *Friedensmacht Deutschland — Plädoyer für einen neuen Patriotismus*, Frankfurt/M. 1993, S. 101, 170f., 176.

(8) 『朝雲』一九九三年四月八日付。

(9) 『朝雲』一九九三年一一月二五日付。なお、『陸上自衛隊隊歌集』改訂三版、朝雲新聞社、一九九〇年、参照。

(10) 防衛庁編『平成五年版 防衛白書』一九九三年、二一〇頁。

(11) ＰＫＯ等協力法について論じたものは極めて多いが、さしあたり拙稿「ＰＫＯ協力法——施行後の状況と問題点」『法学教室』一四七号、高見勝利「憲法九条と国連平和維持活動への自衛隊派遣」同一五一号、深瀬忠一「構造転換期の平和憲法とＰＫＯ協力法」『ジュリスト』一〇一一号、山内敏弘『平和憲法の理論』日本評論社、一九九二年、古川純『日本国憲法の基本原理』学陽書房、一九九三年、を挙げるにとどめる。

(12) 『軍事研究』一九九〇年一一月号、六八頁。

(13) 栗栖弘臣「昭和自衛隊から平成国軍へ」『軍事研究』一九八九年三月号、三二頁。ドイツでも、Ｋ・ナウマン連邦軍総監を中心とした軍人の発言権がかつてなく強まり、「普通の国」の「普通の軍隊」志向が目立ち、「軍の自立化」「外交政策の軍事化」が危惧されている(W. Wette, Der Wunsch nach Weltmacht, in: *Die Zeit*, Nr. 31 vom 30. 7. 1993, S. 4; *Der Spiegel*, Nr. 31 vom 2. 8. 1993, S. 16)。

(14) T. Bastian, Friedensforschung in nationaler Verantwortung?, in: *IPPNW*, 1993, S. 11.

(15) 「特別座談会・災害医療」での森田俊夫氏(陸自衛生学校教官)の発言、『近代消防』一九九三年一月号、二二頁。

(16) 和田英夫「自衛隊法における〈本則〉と雑則」『自治研究』六七巻一〇号、二三頁。
(17) 中野茂「新たな任務に応じた陸上自衛隊のPKO派遣態勢のあり方について」『陸戦研究』(陸自幹部学校) 一九九三年五月号、三八―四〇頁。
(18) 中村好寿「二一世紀における自衛隊の役割」『セキュリタリアン』一九九二年一一月号、一〇―一三頁。
(19) *Der Spiegel*, Nr. 13 vom 23. 3. 1992, S. 205f.
(20) *Freitag*, Nr. 42 vom 15. 10. 1993, S. 5 ; *Tagesspiegel* (Berlin) vom 10. 10. 1993, S. 2.
(21) 拙稿「ヒロシマで平和憲法を考える」『軍縮問題資料』一九九三年五月号、四一頁。
(22) *Tagesspiegel* vom 1. 9. 1992, S. 2. 拙稿「ドイツ連邦軍の域外出動と基本法」『社会文化研究』(広島大学総合科学部紀要) II一八巻、一九九二年、一四一、一七八頁。
(23) Vgl. *Notfallvorsorge und Zivile Verteidigung* 1/1993, S. 6 ; *Die Zeit*, Nr. 32 vom 6. 8. 1993, S. 8.
(24) Vgl. Komitee für Grundrechte und Demokratie (Hrsg.), *Ein Reader über Hintergründe, Faken und Zusammenhänge zum Golfkrieg*, Sensbachtal 1991, S. 151ff.
(25) Das Komitee für Grundrechte und Demokratie, in : *Jahrbuch Frieden 1993*, München 1993, S. 199-208.
(26) Cf. Peace Brigades International, *Annual Report 1992*, pp. 3-18. 水島編著『きみはサンダーバードを知っているか』日本評論社、一九九二年、一四五―一四六頁で紹介した。
(27) Cf. G. Sharp, *Exploring Nonviolent Alternatives*, 1970 ; Vgl. G. Jochheim, *Soziale Verteidigung — Verteidigung mit einem menschlichen Gesicht*, Düsseldorf 1988 ; Bund für soziale Verteidigung — Der zivile Friedensdienst im In- und Ausland, in : *Wissenschaft und Frieden* 2/1993, S. 15-20 ;

A. Schmillen, Nichtmilitärische Konfliktbearbeitung im internationalen System, in: *Ebd.*, S. 2–14.

(28)「国際消防救助隊について」『近代消防』一九九二年一月号、三四頁以下、山越芳男『国際化と消防』全国加除法令出版、一九八八年、参照。また、拙稿「国際貢献――ニッポン国際救助隊を考える」(増田れい子・元『毎日新聞』論説委員との対談)『法学セミナー』一九九三年六月号、八頁も参照。

(29)「新自治大臣・小沢一郎氏に聞く」『近代消防』一九八六年三月号、三一頁。

(全国憲法研究会『憲法問題』五号、一九九四年五月)

2　「一丁の機関銃」のもつ意味

一九九四年九月一三日、政府は、「ルワンダ難民救援」の自衛隊派遣「実施計画」を閣議決定した。計画には、「要員の安全確保」のための武器として、機関銃一丁が含まれていた。たった「一丁の機関銃」とはいえ、そのもつ意味は決して小さくない。

まず、「軽機関銃」と報道されたが、六二式七・六二ミリ機関銃(重量一〇・七キロ)は、重軽兼用の自動火器であり、八二式指揮通信車に必要に応じて搭載される。この車両は装輪装甲車であり、カンボジアには、通常装備である一二・七ミリ重機関銃M2(重量三八・一キロ)を外して送った経緯がある。今回、重機関銃を外し「軽機関銃」を搭載することで、「小型武器」の印象を強めようとしている。しかし、この車両が車載機関銃をもつ装甲車として運用可能となった点は見逃せない。ＰＫＯ等協力法では、「国際平和協力隊」の隊員に「小型武器」の保持・使用が認められている(二二、二三条)。しかし、自衛隊の部隊等の場合は「小型武器」に限定されず、「実施計画に定める装備である武器」が使用できる(六条二項二号ホ(2)、同四項、二四条三項)。「装備である武器」は「小型」である必要はなく、「(国連)事務総長が必要と認める限度」内では、大型武器も可能である。この決定は、日本が、武装した装甲車一両を、初めて海外に派遣することを意味する。「軽機関銃一丁」は、「装備である武器」の拡大の第一歩となるおそれがある。

　次に、「安全の確保」のために、なぜ機関銃なのか。一般に、紛争の火種のある地域に軍隊を派遣すれば、対立する現地勢力の間に無用の緊張感を与える。場合によっては、攻撃感情を惹起することもあろう。そこで、「人道援助活動」を防護するための

82 式指揮通信車．1987 年 10 月，北海道北恵庭駐屯地(著者撮影)

警護部隊が必要となり、さらに重装備が必要となる。軍隊の派遣は、このような悪循環をもたらしやすい。「安全の確保」の必要性が出てくるのは、そこに行くのが軍隊だからである。

九四年のときは、結局、ルワンダへの直接派遣は回避された。「人道的な国際救援活動」にも、紛争当事者間の停戦合意等が必要だからである(三条二号)。しかし、国境付近がむしろ実質的な紛争地帯というべきである。そこで、自衛隊の装甲車が機関銃を使用するような事態が生じた場合、機関銃の破壊力と制圧能力からして、隊員個々の判断による武器使用を予定したPKO等協力法二四条との整合性が問われてくる。機関銃の場合、命令による使用以外考えられないからである。これは、PKO等協力法審議過程でも問題となった違憲の武力行使となる。

もともと機関銃という兵器は、一九世紀後半のヨーロッパでは、「アフリカの原住民やそれに類する輩相手に使う場合にのみ適切な武器と見なされるようになっていた」(J・エリス/越智道雄訳『機関銃の社会史』平凡社)。現地の人々を「群れ」として制圧することを可能にした機関銃の発達が、植民地主義の歴史と重なっていることは記憶されていい。

より根本的な問題は、医療、防疫、給水といった人道援助に、何故自衛隊なのかということである。世間では、自衛隊の「自己完結能力」が過大評価されているようである。たとえば、自衛隊衛生隊の野外手術システムが有効なのは、戦闘における初期外科手術である。アフリカの風土病への対応能力も疑問である。

すでに現地には日本赤十字等の民間団体が入って活動している。武器をもたない自治体や民間の団体の活動だからこそ、現地の人々に無用な緊張を与えず、援助活動に徹することができる。東京消防庁と政令指定都市のレスキュー隊を中心に組織されている「国際消防救助隊」(ＩＲＴ－ＪＦ)、国際緊急援助隊医療チーム(ＪＭＴＤＲ)、給水技術をもった民間団体の派遣等、軍事力によらざる方法を追求すべきであろう。これが日本国憲法にふさわしい国際協力のあり方である。

冷戦の終焉とソ連の解体で「主要な敵」を喪失した各国軍隊は「存在証明」に懸命であり、リストラやダウンサイジングは不可避である。自衛隊も例外ではない。危惧されるのは、日本の国際政治的発言力を強化するためのカードとして、自衛隊の「国際政治的利用」の傾向が強まっていることである。ルワンダ難民救援が自衛隊に一面化されたのも、これと関連がある。日本が行う人道援助活動に「機関銃」はいらないのである。

(『朝日新聞』論壇、一九九四年九月二二日付)

3　大きくてギラリと光る「普通の国」

一　「普通の国」への衝動

「普通の女の子に戻りたい」。こう宣言して、「キャンディーズ」は解散した。一九七八年四月四日のことである。

月日は流れ、政治の世界でも、「普通の国になりたい」という声を聞くようになった。ただ、そこでの「普通」とは、「特に目立たない、どこにでもいる女の子」という使われ方とは大分違う。「当たり前のことを当たり前と考え、当たり前に行う」(小沢一郎『日本改造計画』)。この単純明快、強引な論理で、日本国憲法の下で制約されてきた国家の対外的軍事機能を回復させる。そして、軍事力行使の最終カードを伴う政治・外交力を確保する。ここに「普通の国」論の主眼があるように思われる。

二　ドイツにも「普通の国」論

「普通の国」が問題とされているのは、日本だけではない。同じ敗戦国で、戦後復興を遂げ、統一を達成したドイツでも、状況は似ている。第二次世界大戦の「歴史的負債」に呪縛された「特別の道」(Sonderweg) から解き放たれて、「普通の道」(Normalweg) を歩みたい。湾岸戦争の前後からドイツでも、「平和のための共同責任」「人道的派遣」「国際的安全保障」等が頻用され、世界的規模での軍事介入主義が「新しい正常性〔普通のこと〕」として語られるようになった。その中心的主張者は連邦軍総監K・ナウマンである。彼の新戦略・編成構想(「ナウマン文書」)をベースにして策定されたのが、「防衛政策大綱」である(一九九二年一一月二六日)。そこでは、「ドイツの利益は、同盟国や他のパートナーの利益と、いかなる場合でも一致するわけではない。したがって、国民的利益の状態は、主権国家の安全保障政策の出発点でもある」とされ、「死活的な安全保障利益」として、「公正な世界経済秩序の枠内において、自由な国際取引と、全世界の市場および原料資源への円滑な接近を確保すること」が挙げられている。従来、ドイツの国益・権益がここまでストレートに表現されることはなかった。「冷戦の終焉」とドイツ統一による「主権回復」は、軍の自己主張に拍車をかけている。

その背景としては、「冷戦の終焉」により、軍の存立根拠が問われてきたことが挙げられる。軍の縮減は、軍需産業の受注の減少、さらには雇用状況の悪化にも通ずるので、軍は新たな「存在証明」を迫られている。地域紛争の多発化による「不確実性の時代」の到来と、国連ＰＫＯの変容(「平和強制部隊」等)は、軍の生き残りへの「追い風」として機能している。なお、ドイツ連邦軍は九六年から、国防専門部隊二九万人、ＰＫＯ派遣を含む「危機対応部隊」五万人に分割され、計三四万人に縮小される方向が打ち出されている。

高い練度と装備、輸送能力を有する「危機対応部隊」。憲法の「自己拘束」から解放されて、地域的制限なしに(ＮＡＴＯ域外にも)展開しうる軍事的介入能力の保持は、経済力に照応する国際的地位を確保するためのステータス・シンボルにほかならない。それはまた、ドイツが国連常任理事国となる上での「パスポート」の役割も果たしうる。

ナウマン総監の好きな言葉は、「モロッコからインド洋までの危機ブリッジ」である。ドイツの「地政学」的位置からすれば、地中海から中東を経由してインド洋に至る線が「担任領域」となろう。なお、九四年七月一二日、ドイツ連邦憲法裁判所は、連邦軍のNATO域外出動に対する合憲判決を出した。「普通の国」への道はさらに加速されるだろう。

ところで、日本の「普通の国」論の背後にも、アジア太平洋地域における日本の権益保護、そして国連常任理事国のポスト獲得への志向がある。「守るべきもの」は日本の海外権益、「在留邦人」。これに「国位」(国際的地位)が加わる。将来的にも重要なのが、市場および原料資源ルートの安定・確保のために、アジア太平洋経済圏を「面」において統制できる、いわば地域的「危機管理」である。九三年一月の「日米共同宣言」において、「アジア太平洋地域」が「死活的利害」を有すると宣言されたのは、このことの率直な表明にほかならない。強力な政治・外交力(軍事力行使を最終カードとする)を保持する「普通の国」への脱皮は、「経済大国」日本の内発的要求でもある。

四〇年以上にわたり、旧ソ連を仮想敵国にして増殖してきた自衛隊も、ドイツ連邦軍と同様に、こうした新しい条件の下で、新たな役割を与えられつつある。海上自衛隊を中心に、最近の傾向を見ておこう。

三　「普通の軍隊」への道

一九九四年四月、永田町で連立与党(当時)の政権協議(「北朝鮮制裁」を含む)が行われていた時、海上自衛隊呉基地(広島県呉市)に護衛艦が大挙して集結した。海自の四個護衛隊群(第一、第四が横須賀、第二が佐世保、第三が舞鶴。一個群は三個護衛隊、一個隊は二―三隻の護衛艦から成る)が毎年一回各地で行っているものだが、九一年以降はほとんど呉で行われているという。

呉に集結した護衛艦隊. 1994 年 4 月(著者撮影)

四月二四日、ゼミの学生たちと呉基地に入る。公開中の護衛艦「しらね」(当時の金丸信・防衛庁長官の強い指示で、その郷里山梨県中巨摩郡白根町の名がつけられた!)に乗り込む。女子学生の一人が、艦橋奥の壁に貼ってある港内配置図を見つけ、集結した全艦名と位置をメモ。艦番号と照合しつつ、護衛艦二四隻を確認した(他にＡＴＳ〔訓練支援艦〕二、ＡＯＥ〔補給

護衛艦「しらね」の高性能20ミリ機関砲（CIWS）（著者撮影）

艦）三、ＴＶ（練習艦）二）。護衛艦隊司令部は護衛艦「むらくも」に置かれていた。水泳大会をメインにした「恒例行事」というが、「時局」から考えれば、他の訓練もやっていたと見る方が自然である。呉は、「朝鮮有事」における米第七艦隊への支援や、海上封鎖作戦等に備えたシミュレーションを行うのには絶好のロケーションだからである。しかも、横須賀の第四護衛隊群を呉に移籍する計画も進行中である。これは一種の「前方展開」といえよう。

同じ頃、ペリー米国防長官は、「安保理事会の合意がなくとも、多国籍軍型の制裁措置を、日本および韓国等と協力して実施する」と述べた（『朝日新聞』一九九四年四月二三日付）。もはや、湾岸戦争時のような姿勢は許されず、軍事作戦の重要な部分を日本が担任する日も近い。

ところで、海自は従来、対潜作戦（ＡＳＷ）と掃海・対機雷戦を基本とする、米第七艦隊の「後詰め部隊」的性格が濃厚だった。しかし、「冷戦の終焉」後、海自の位置づけや運用思想にも、微妙な変化が生まれている。たとえば、海自トップの林崎千明海幕長は、「海洋国家」日本が、「諸外国の庇護の下で繁栄するという態勢では生きられない時代に入ってきた」以上、「自ら色々の面でイニシアチブを採らなければならない」こと、そのためには海自の装備も「バランスよく整備すること」を強調している(防衛装備工業会発行『JADI』一九九四年一月号)。地方隊を縮減して護衛艦隊を強化することや、一万トン級の補給艦を保有すること、将来的には、大型病院船の保有も検討されてくるだろう。一種の「前方プレゼンス能力」の保有である。

これと関連して、空自も、旧ソ連に対抗しての重戦闘機の大量保有ではなく、長距離・大量輸送能力の向上(C17の採用等)がメインとなろう。さらに、一線部隊の充足率が六割を切っている陸自では、隊員の高齢化(平均年齢三二歳)が深刻である。出生率低下という事態の下、将来、自衛官の募集が極めて困難となることが予想される。「リストラ」は避けられない。師団等の基幹部隊を徐々にスリム化し、装備の質的向上をはかりつつ、コンパクトで自己完結的な緊急展開部隊を編成していく方向も追求されるだろう。

組織改編と同時に、「普通の国」の「普通の軍隊」がもつすべての属性・権限を具備する方向も強まるだろう。「交戦規則」の制定もその端的な例である。九四年冬の日米統合指揮所演習(05CPX)の際、自衛隊は「交戦規則」(ROE)を初めて導入した。「交戦規則」とは、軍隊の行動に一定の歯止めをかけるための規則のこと。憲法九条で交戦権が禁じられているため、自衛隊はこれまで制定してこなかった。海外出動の増大で、武力衝突に巻き込まれる危険性が増大したため、九三年秋の自衛隊統合演習の際、統合幕僚会議が「交戦規則」を作成したという(『朝雲』一九九四年二月一〇日付)。

「防衛計画の大綱」(一九七六年)の「見直し」も本格化している。この点で注目されるのは、アクセサリー(ないしアドバルーン)的機能を営む「防衛問題懇談会」(三代の首相の私的諮問機関!)の提言ではなく、防衛庁が設置した「防衛力の在り方検討会議」(背広・制服の最高幹部)の結論であろう。安全保障政策に対する「実務家」(軍人)の発言力の増大も、「普通の国」の現象形態といえる。

日本国憲法は、①一切の戦争および武力の発動形態(武力行使から武力威嚇まで)の放棄、②軍隊(戦力)の不保持と交戦権の否認、③平和的生存権の保障を主な内容とする徹底した平和主義を採用している。この憲法の立場からすれば、自衛隊はもとより違憲であるが、右に述べてきた「普通の国」の現象形態もすべて違憲となる。

四　非軍事組織へのコンバート

世界各地で多発する民族紛争に対して、軍事力による介入を主張する声が依然として存在する。だが、ソマリアや旧ユーゴの例に見られるように、軍事的介入は決して紛争の解決策とはならない。非軍事的努力こそ重要である。

紛争の仲裁のための民間的(市民的)、非暴力・平和的手段として、「国際システムにおける非軍事的紛争処理」の努力がある。これは、軍事力行使を伴わない、紛争解決と仲裁のあらゆる手続、方法および手段の総体を指す。この「非軍事的紛争処理」においては、平和的紛争処理の「基盤構造」(Infrastruktur)が重要である。このコンセプトは、①市民社会の発展、②コミュニケーション、情報・伝達、③さまざまな社会的・政治的レヴェルのネットワーク化(地域の平和・人権グループ、国境を越えて活動する平和運動や非政府組織、国際組織等)を前提とする。たとえば、カザフスタンでは、地域の市民運動と、国境を越えて活動するNGO(非政府組織)であるIPPNW(核戦争防止国際医師会議)やグリンピースとの共同行動の結果、核実験を停止させるという成果をあげた。また、旧ユーゴの困難な状況の下でも、地域的・越境的平和グループ(アムネスティ・インターナショナル、ヘルシンキ・ウオッチ、戦争犠牲者保護基金等)の密接な共同行動の結果、セルビア、クロアチア等にそれぞれ反戦・平和運動が生まれている。その国家や民族の内側からの平和的世論の形成が、紛争の根幹治療につながる。「民族紛争」だからといって、「国家」や「民族」単位だけで物事を判断してはならない。それぞれの国や民族内部のオルタナティヴの動きにも、もっと注目すべきだろう。

さらに、オーストリアのモック外相が提唱したホワイト・ヘルメット(国連民生部門専任部隊)

創設構想が注目される。伝統的なブルー・ヘルメットのPKOとは別に、人権擁護、選挙監視、民主的行政機構の創設等にたずさわる民生専門家組織を作ろうというものである。九三年秋、オーストリア南部に、国連の訓練調査研究所(UNITAR)や民間の国際平和アカデミーと協力して、ホワイト・ヘルメット要員養成用の訓練センターを設立したという。非軍事的活動の創造的事例である。

ところで、かつては「余技」と見なされてきた対外的な「非軍事的機能」(国際緊急援助活動、途上国の国土建設支援等)が注目されてきている(中村好寿「ポスト冷戦時代における軍事力の役割」『陸戦研究』一九九四年一月号)。自衛隊も、国際緊急援助隊の一角に参入した(一九九二年六月改正の国際緊急援助隊法三条二項)。だが、自衛隊が海外での災害派遣任務に参加しても、それも「余技」にすぎない。軍事的脅威が減少した今日、冷戦期と同じ論理で巨大な軍隊を維持できる国はない。地球規模の「新しい脅威」(特に環境破壊や環境災害等)に対処するための、非軍事的な本格的専門組織の設立が求められているのである。

それでは、現にある自衛隊を今後どうしていくか。スリム化しつつ、軍事的介入能力《コンバット》を質的に強化する方向に生き残りの道を探るか、それとも、大胆な軍縮を実施し、非軍事的組織への「転換《コンバート》」をはかるか。

「経営規模」から見れば、自衛隊は、NTTより小さく、JR全社よりは大きい、日本第二位の「大経営」である。国家公務員の四分の一、国家予算の六%を占め、地域に経済的波及効果を与える全国一二九の駐屯地と膨大な不動産をもち、そして民間企業に一兆六三三〇億円の需要を生み出す調達能力を有する(『株式会社自衛隊』扶桑社、参照)。これだけの巨大組織の「転換」は、旧国鉄の分割民営化以上の大仕事となる。武力を有する軍事組織の「転換」の実施計画は、慎重かつ周到に練る必要があることはいうまでもない。

さて、軍事力によらざる国際的な活動の例としては、海外の災害に際して、地方自治体の団体事務として行われている「国際消防救助隊」(IRT－JF)の活動が注目される。この組織は、一九八六年に発足し、海外の地震災害やサイクロン災害等に派遣されている。オレンジ色の制服に白ヘルメット、白と赤のロープ(赤は人命優先の印)、赤いヘリコプター(ドーファン2型)の活躍は、迷彩色の制服にダークグリーンのロープ、迷彩ヘリコプターという軍隊の活動に慣れた被災地の人々に、新鮮な感動を与えたという(水島編著『新版・ヒロシマと憲法』法律文化社、参照)。ただ、その活動は地味である。今後、大規模な、常設の国際救助隊を設立する必要性を痛感する。またここに、自衛隊「転換」のヒントも隠されている。

現在進行中の「大きくて、ギラリと段ビラを光らせる「普通の国」」への道は、日本国憲法が予定する国家のあり方とは、明らかに異質なのである。

(宇都宮軍縮研究室『軍縮問題資料』一九九四年九月号)

第三章　国家的危機管理と災害救助——何が問われているのか

1　どのような災害救助組織を考えるか——自衛隊活用論への疑問

長田区の現場から

「延焼拡大防止を命ぜられても、接近できない、水利確保ができない。こんなくやしい思いをしたのは初めてです」。神戸市長田区に応援に入った消防隊員に話を聞いたとき、真っ先に出た言葉である。無線が錯綜して、負傷者を運ぶための救急車が来ない。自ら消防指揮車を運転して、負傷者を搬送したという。消防、警察、自衛隊では、無線の方式が全く異なる。消防は超短波(VHF)FMを使用。警察は、「グリコ・森永事件」で無線傍受されたことを理由にVHFデジタル無線を使っている。自衛隊は三〇-六〇メガヘルツのHF帯(短波FM)を使用しているから、末端での相互交信は技術的に困難となる。それどころか、応援にかけつけた各自治体の消防隊相互でも混信がひどく、交信は困難をきわめたという。電波管理の弱点が、被災地での大きな混乱の一因となったわけである。無線が使えないので、彼の消防車のところに、自衛隊員が走って情報を伝えにきたこともあったという……。

新たな「戦後」

「阪神・淡路大震災」による被害の量と質は、日本国民が忘れかけていた「戦災」を強烈にイメージさせた。そして、日本の国家・社会の抱えるさまざまな矛盾や問題点が、大地震とともに一気に噴き出してきた感がある。地震直後から、国家的危機管理や非常事態法制の議論も浮上していたが、議論は今、大災害時の自衛隊活用論に、急角度でシフトしてきている（特に自衛隊法八三条の手続の簡易化、自治体との協力関係の強化等々）。

一九九一年一月一七日（湾岸戦争開始が報じられた日）は、「国際貢献」の名による、自衛隊の「国際政治的利用」が活発化していく転機となった日である。九五年一月一七日は、憲法との関係も含め、自衛隊をめぐる国内体制整備に向けた、強力な「最初の一突き」となるだろう。

もとより、災害の場で救援活動に従事する個々の自衛隊員の努力は貴重なものである。しかし、国の政策や組織の活動全体の評価となると、話は別である。筆者は、大災害時における自衛隊活用論に対しては、あえて異議を唱えたい。そこで、さしあたり、消防、警察、自衛隊の三組織の特性を比較しながら、大災害に対処する救助組織のあり方について考えてみたい。

消防レスキューの活躍

今回、人命救助活動で最も目ざましい成果を挙げたのは消防レスキュー隊だろう。消防は自治体の組織であり、地域に根ざした活動を行うため、レスポンス・タイム(対応時間)が短く、火災などに迅速に対処できるというメリットをもつ。消防レスキュー隊は最も純粋な人命救助組織であり、その技術的練度は最も高いといえる。救助工作車(東京消防庁のみ救助車という)、救助用ファイバースコープ、油圧式救助器具等々、その資機材は人命救助を第一義的基準として備えられている。

ドイツの*Notfallvorsorge*誌に紹介された神戸の惨状

ところで、滋賀と愛媛のレスキュー隊が、七九歳の老人を一〇五時間ぶりに救出した場面はひときわ感動的だった。オレンジ色の制服の二〇名ほどのレスキュー隊員が、きびきびと動きまわる。救出作業中、一人の隊員が、瓦礫のなかに埋もれる老人の手をずっと握り続けていた。ある消防士の方に話を聞くと、消防学校の授業のなかでも、被救助者に安心感を与えるために、声をかけて励ましたり、相手の身体に手を触れていることの大切さを教えられるという。とっさの場面でも、そうした基本がきちんと実践されている。

他方、消防の場合、さまざまな弱点や課題も抱えている。まず、自治体消防は日常発生が予想される災害に活動の主体を置いているため、それを上回る大災害時の人員・資機材の対応が困難となる。特に地方の消防本部の場合、ギリギリの人員でやりくりしているのが実情である。たとえば、神戸市は人口一五一万人に対して、消防の実員は一三八三人。西宮市が四二万人に対して三三九人、相生市は三万六〇〇〇人に対して四〇人である(『兵庫県下消防職員名簿』一九九四年一一月現在)。郡部はさらに少ない。したがって、他府県に応援を出しすぎると、自分たちの町の火災に対応できなくなるおそれがある。同時多発的に大災害が起こった場合、対応が不可能となることは容易に推察できよう。

消防の活動は基本的にライフラインの確立を前提にしているから、今回のようなライフラインの断裂・破壊という事態のなかでは、本来の活動は極めて困難となる。かくして、大規模災害に備えて、総合的な消防・救助能力を整備する独自の課題が出てくるのである。

警察と自衛隊は救助組織たりうるか

機動隊や警察レスキュー隊はどうか。警察の場合、基本的に人命救助それ自体を本務としていない。警察レスキュー隊は警備部に所属し、警備活動の一環に組み込まれている。「災害警備実施」は、「治安警備実施」と並び、警備警察の重要な機能をなす。国民へのサービスの性格も持つが、究極的には「治安維持」の性格が強いとされる。なお、今回の地震で生田警察署に置かれた現地の本部も、「警備実施本部」である。また、救助活動のときに使用する装備も、基本は治安警備用のものが中心である。さらに、マンパワーは消防を上回るが、災害時における機動性には疑問が指摘されている。たとえば、消防レスキューは人員と資機材を救助工作車で同時に運ぶが、警察レスキューの場合、警備輸送車と救助資材車とで、人と資機材を別々に搬送している。独自の指揮体系をもっているが、その性質上、他組織と共同して活動するという発想が弱い。治安維持を基本任務とした組織の宿命なのだろうか。

自衛隊の場合、マンパワーは三つの組織中最大である。機動力、不整地・路外走行能力、陸海空全般にわたる大量輸送能力(各種トラック、輸送機、ヘリ、輸送艦等)。どれをとっても、この国最大の組織であることは間違いない。いわゆる「自己完結性」も高い。

しかし、自衛隊は国家の武装組織である。「自己完結性」といっても、それは戦闘後方支援を目的としたものであって、人命救助や災害時の対応のためのものではない。ある装備がたまたま救助目的に使えたとしても、戦闘用の装備を転用しているにすぎない。消防レスキューの救助専門資機材に比べて、作業能率も疑問視されている。しかも、「ルワンダ難民救援」派遣の場合にも問題となったが、この「自己完結性」が仇《あだ》にもなりうる。旧日本軍が、一般社会を「地方」と呼んでとかく蔑視していたことはよく知られているが、そのような過剰なエリート意識と閉鎖性は「軍」固有のものであり、前述した警察と一脈通ずるところがある。そのため、ボランティア組織との「協働」がむずかしく、どうしても「上からの動員」の色彩が濃厚となる。

こうしたなかで、政府部内からは、自衛隊法三条を改正して、災害派遣任務を「本務」に格上げすべきであるという意見も出ているという。一般的に言って、災害派遣が自衛隊の「本務」となれば、災害対策の「軍事化」が進むか、あるいは自衛隊自身の「非軍事化」、すなわち「軍隊としての終わりの始まり」となる可能性も出てくる。「本務」化を言った人は、その発言の意味と広がりを十分自覚しているのだろうか。組織の目的、特に「本務」が変われば、それは装備体系にも当然影響を及ぼしてくる。支援戦闘機という名の戦闘攻撃機、巨大戦車(九〇式)、対戦車ヘリ、AWACS(早期警戒管制機)、イージス艦といった「冷戦」期の状況を前提とした高価な装備を買い続ける「根拠」がますます問われてくるのである。逆に、「冷戦」期の発想で拡大されてきた組織や装備の根本的な見直しなしに「本務」化すれば、大震災を口実にした組織維持とのそしりは免れまい。にもかかわらず、「国際貢献」の場合と同じように、災害対策の分野でも自衛隊が主役の座に着こうとしている。大震災を「葵の紋所」にして、全国の自治体に、自衛隊協力体制の強化を迫っていくとすれば問題であろう。隊員の組織募集に自治体が一層協力させられるなど、さまざまな「見返り」も求められてくることも避けられまい。

「民間防衛」の脱軍事化傾向

九〇年代に入り、先進各国にほぼ共通して見られることは、冷戦期に核戦争に備えて設置・整備されてきた民間防衛組織や軍機能の一部が改組・改編され、全体として、大規模災害対策に重点が移行していることである。

たとえば、アメリカの連邦緊急事態管理庁(FEMA)。今回の地震で注目されたが、その出自は、キューバ危機を契機に強化された核戦争対処のための民間防衛組織である。「いま、そこにある危機」のなかでも、現在、特に大規模災害対策に主眼を置いて活動している。

ドイツにも冷戦期につくられた民間防衛法制があり、連邦民間防衛庁(BZS)、連邦自主防護連盟(BVS)、技術支援隊(THW)などの組織がある。それらを統括するのは連邦国防省ではなく、連邦内務省である。八八年五月に筆者は、ドイツのレーゲンスブルクで、THWの現地組織の訓練を見学したことがある。水害訓練だった。その時、M・ハーゼ小隊長(二六歳)に話を聞いたが、「核戦争が始まったら何もできない」とはっきり答えたのが記憶に残っている(拙著『ベルリン・ヒロシマ通り——平和憲法を考える旅』中国新聞社、参照)。冷戦終結後、これらの組織の改組・機能転換が進んでいる。THW法も改正され、海外への救援活動も追加された。そして、ソマリアやルワンダを含む世界各地に派遣されている。軍隊でないからもちろん「丸腰」だが、すぐれた技術力で「武装」しているので、派遣地域ではどこでも高く評価されているという。神戸の被災地に救援に来たフランスの災害救助特別隊は、軍人が関与するが、軍事組織ではなく、内務省所属の救援・救護専門組織である。スイスから来た救助犬チームも、外務省職員の隊長以外、全員がボランティアである。オーストリア軍災害救助隊(AAFDRU)は軍の一部だが、任務は本格的な国際救助隊である。中立国の活動であるから、軍の一部とはいえ、受け入れる側に抵抗は少ないという。

災害対策を含め、日本は「冷戦型思考」から脱しきれていない。

非軍事の「国際救助隊」

九二年秋、筆者は、憲法の理念に基づく非軍事的国際協力のモデルとして、「ニッポン国際救助隊」設立を呼びかけた。若者にも理解しやすいように、英国のテレビ人形劇「サンダーバード」になぞらえ、やや遊び心をまじえて提起した(『きみはサンダーバードを知っているか』日本評論社)。とはいえ、提起の意図はいたって真面目である。たとえば、各機関に分散している救助・医療・応急復旧等の能力を、「国際救助隊」という形で総合的に発揮しうるようにし、海外のみならず、国内の大災害にも迅速かつ適切に対応できるようにする。ＰＫＯ等協力法の「対案」ということを意識して、軍事よりも非軍事事を、命令・服従よりも自発性（ボランティア）を、中央集権よりも地方自治を、といったコンセプトを打ち出した。当時、拙著を読んだという消防関係の方と議論したが、国内の大災害にも対処しうる常設の救助隊の必要性について意見が一致したのを記憶している。

被災地上空に長時間滞空し、上空から消火・救出を統一指揮する、多様な通信機能をもつ指揮ヘリ。これはサンダーバード1号にあたる。各種救助機材・人員を大量に搬送する大型輸送ヘリ（同2号）。そして、宇宙空間にいる5号にあたるのが、災害用通信衛星……。テレビ人形劇の世界ではなく、この国に今、緊急に必要な課題といえよう。

多くの人員、技術、能力を持ちながら、最も必要な場所に、最も必要な手段を迅速・適切に投入して、人命を救助する、その総合力がこの国には決定的に欠けている。前述した消防、警察、自衛隊の各組織の特性からみて、本格的な救助組織の中核には消防（レスキュー）が置かれるべきである。ライフライン断裂・破壊に際しても対応できる組織（「開かれた自己完結性」をもつ）、独自輸送力、医療チームとの連携、情報収集・判断力（優先順位の決定）などが課題となるが、「自衛隊しかない」という形で、安易な自衛隊活用論に流れるのは妥当ではない。むしろ、自衛隊そのものを「脱軍事化」していくことこそ肝要であろう。さらに、現行災害対策法制の枠内でも、消防や海上保安庁（第三管区海上保安本部の特殊救難隊）など、縦割り行政に散在する機能を統合して、海外でも活動できる、常設の救助専門組織に再編成することは十分可能である。

すでに日本には国際消防救助隊（IRT－JF）という貴重な萌芽がある。海外の大規模災害に四八時間以内に派遣される国際消防救助隊が発足したのは、八六年四月のことだった。当時の自治大臣小沢一郎氏は、その活動を高く評価し、こう述べていた。

「救助活動の専門家集団である消防の救助隊が、その技術を活かし、国境を超えて被災者の人々に、救助の「愛ある手」を差しのべるということは画期的かつ意義深いものである」、「この救助隊が円滑、機動的に有効な救助活動を行うためには、装備や輸送手段、さらに隊員が安全に活動できるような体制の整備を進めていく必要がある」（「新自治大臣・小沢一郎氏に聞く」『近代消防』一九八六年三月号）。

湾岸危機から湾岸戦争に向かうなかで、「国際貢献は自衛隊しかない」という方向を強力に打ち出したのも、小沢一郎氏（当時、自民党幹事長）であった。その結果、IRT－JFを含む非軍事の国際緊急援助隊の強化・発展の方向が、国民の目から見えにくくなっていった。この事実は十分に記憶されるべきだろう。

市民の視点で災害対策を

「阪神・淡路大震災」では、不甲斐ない政治や行政を乗り越えて、全国の市民や自治体が、かつてなかったような活発な救援活動を展開している。言葉の真の意味でのボランティア精神であり、そのエネルギーは巨大である。被災地でも、市民の力強い復興への歩みが始まっている。そうした活動を海外のメディアも伝え、称賛をもって受けとめられているという。そうしたとき、国家非常事態対処措置という形で、上から「官民」を動員していくという発想ではなく、市民・自治体のこうしたエネルギーを基礎に、市民の視点に立った災害対策を作り上げていく必要がある。それはまた、平和・人権・地方自治・国際協調という憲法理念にも照応する。神戸に来た各国の国際救助組織。日本も、非軍事の常設の国際救助組織をつくって、国内の災害に備えるだけでなく、「地球のどこかで起こる大災害」に備えるという視点をもつべきだろう。

(『世界』一九九五年三月号)

2　自衛隊は災害救助隊ではない

……こんどの憲法では、日本の国が、けっして二度と戦争をしないように、二つのことをきめました。その一つは、兵隊も軍艦も飛行機も、およそ戦争をするためのものは、いっさいもたないということです。これからさき日本には、陸軍も海軍も空軍もないのです。これを戦力の放棄といいます。「放棄」とは、「すててしまう」ということです。しかしみなさんは、けっして心ぼそく思うことはありません。日本は正しいことを、ほかの国よりさきに行ったのです。世の中に、正しいことぐらい強いものはありません。

もう一つは、よその国と争いごとがおこったとき、けっして戦争によって、相手をまかして、じぶんのいいぶんをとおそうとしないということをきめたのです。おだやかにそうだんをして、きまりをつけようというのです。なぜならば、いくさをしかけることは、けっきょく、じぶんの国をほろぼすようなはめになるからです。また、戦争とまでゆかずとも、国の力で、相手をおどすようなことは、いっさいしないことにきめたのです。これを戦争の放棄というのです。そうしてよその国となかよくして、世界中の国が、よい友だちになってくれるようにすれば、日本の国は、さかえてゆけるのです。

一　「軍事力による平和」からの転換

右の文章は、文部省『あたらしい憲法のはなし』(一九四七年)の一節である。ここには、戦争のない世界への具体的イメージが示されている。また、「戦力の放棄(不保持)」が「戦争の放棄」よりも前に置かれ、「正しいこと」の先駆けとして説明されている。

そもそも、国家が自分から軍隊・戦力を持たないと宣言すること自体、憲法の歴史のなかで「前代未聞」であった。一九二八年の不戦条約以降、戦争の違法化に関する規定を置く憲法は少しずつ見られるようになったが、それを戦力不保持にまで徹底した憲法は存在しなかったからである。では、このような徹底した平和主義は、非常識で「アブノーマル」なのか。端的にいえば、日本国憲法の平和主義は、世界の「戦争と平和」の常識を超えていたのである。つまり「非常識」ではなく、「超常識」だったわけである。そうした憲法を生んだ原因の一つに、「ヒロシマ・ナガサキ」の存在がある。「手段」が守るべき「目的」をも破壊してしまう。この究極のパラドックス、「世界最終戦モデル」の経験なくして、このような憲法は生まれなかっただろう。

ところで、憲法九条二項のような考え方は、ドイツの哲学者I・カントによって、今からちょうど二〇〇年前にすでに提唱されていた。「常備軍は、時とともに全廃されなければならない。なぜなら、常備軍はいつでも武装して出撃する準備を整えていることによって、ほかの諸国をたえず戦争の脅威にさらしているからである。常備軍が刺戟となって、たがいに無際限な軍備の拡大を競うようになると、それに費やされる軍事費の増大で、ついには平和の方が短期の戦争よりもいっそう重荷となり、この重荷を逃れるために、常備軍そのものが先制攻撃の原因となるのである」(I・カント／宇都宮芳明訳『永遠平和のために』岩波文庫、一六頁)。カントは、巨大軍事力による戦争の最終結末についてもこう喝破している。「殲滅戦《せんめつ》では、双方が同時に滅亡し、それとともにあらゆる正義も滅亡するから、永遠平和は人類の巨大な墓場の上にのみ築かれることになろう」(同、二一頁)。いまの核状況を予見するようなリアリティある文章である。あえて付加すれば、軍事力は巨大な「金喰い虫」であり、国の財政を圧迫するだけでなく、その存在そのものが環境破壊の原因となることも見逃せない。膨大な軍事費を、地球環境や人口、飢餓等の問題の対策にまわせたら、人類と地球のためにどれだけ有効・有益かわからない。憲法前文は、「われら〔日本国民〕は、全世界の国民が、ひとしく恐怖と欠乏から免かれ、平和のうちに生存する権利を有することを確認する」と宣言している。つまり、憲法は、自分自身が戦力を持たないことを明確にした上で、軍事力以外の方法を駆使して、「全世界の国民」が「平和のうちに生存」できるよう、日本国民が努力していくことを求めている。それは、受動的で、自国民本位の「一国平和主義」でもなければ、軍事力による単純即決型の「一刻平和主義」でもなく、まさに創造的・積極的平和主義である。これは日本が「さかえてゆける」ための最善の方向でもある。

だが、この国の現実は、憲法の求める方向とは逆に、相変わらず「軍事力による平和」の発想にとらわれている。

二 「二つの一月一七日」と自衛隊活用論

一九九一年一月一七日早朝、テレビを通じて私たちの目に飛び込んできたのは、「多国籍軍」による「ピンポイント爆撃」の映像だった。イラクの施設が破壊される模様を、「見事に命中しました」とやったキャスターもいた。「阪神・淡路大震災」も、一月一七日早朝だった。この時も、高速道路の倒壊現場で、「見事に倒れています」と二度も叫んだ女性レポーターがいた。「見事」という感覚は、まさしく「見てるだけの事」であって、その下で苦しむ人々への視点は、少なくともその瞬間にはない。

湾岸戦争は、「在庫を一掃するための戦争。部隊の展開の実験と、旧式武器のバーゲンセールと、新兵器の展示会つきの戦争」と評された(J・ボードリヤール/塚原史訳『湾岸戦争は起こらなかった』紀伊國屋書店)。大量の解雇者を抱えていたレイセオン社は、イラクのミサイルを迎撃する自社製「ペトリオット」の映像のおかげで、世界各国から注文が殺到し、息を吹き返した。一方、「阪神・淡路大震災」直後、不況にあえぐ大手ゼネコンの株価が急騰した。

湾岸戦争の「戦前・戦中・戦後」を通じて、「国際貢献」を名目にした自衛隊の「国際政治的利用」が活発化した。九二年のPKO等協力法施行はその画期をなす。仮想敵国ソ連邦の解体によって「レゾン・デートル」(存在理由)を問われていた自衛隊は、新たな存在証明を「海外」に求めていく。一方、「阪神・淡路大震災」を契機に、国内的な「危機管理」の主役として、自衛隊の役割が意識的にクローズアップさせられてきた。「二つの一月一七日」は、自衛隊の対外的および対内的な「制約」を解除する、強力な「最初の一突き」となったのである。

ところで、地震当日から、自衛隊活用論を嬉々として説いているのが、佐々淳行氏(元内閣安全保障室長)である。『サンデー毎日』九五年二月一九日号の「この作戦こそ「最善の措置」だ――

「非常」対応徹底研究」なる企画。そこで佐々氏は、REファントム偵察機を発進させ、E2C早期警戒機で神戸上空を「管制」。陸自の空挺レンジャー隊員を「オノやツルハシを持たせて」現場に降下させる。重機をもった施設科部隊を、ヘリの情報管制に基づき適宜現場に投入。「野外手術セット」「野外浄水セット」「野外洗濯セット」などの後方支援部隊のもつ装備を使って、被災者の生活を支援する……。自衛隊の装備を次々に紹介して、「こんなに役に立つ」とはしゃいでいる。だが、自衛隊の装備が災害救助で「そんなに役に立つ」のか、ということである。

たとえば、ファントム。一九八五年、群馬県の山中に日航機が墜落した事故では、中部方面航空隊のREファントム(偵察仕様)が現場上空を飛んだが、結局、何の役にも立たなかった。雲仙岳の火山災害のときに航空写真を撮って少し「活躍」したようだが、狭い国土での災害対策にジェット戦闘機を持ち出す発想が安易である。E2Cの災害活用論に至っては論外である。早期警戒管制機(AWACS)E3Aの導入によって無用の長物と化したこの飛行機の失対事業のそしりを免れまい。後方支援部門や施設科部隊の各種機材にしても、もともと戦闘後方支援用のものであり、住民支援が第一義ではない。しかもかなり高価である。たとえば、七五式装甲ドーザ。弾を跳ね返して道路啓開するために厚い装甲に覆われていて、普通のブルドーザよりも作業効率は落ちるし、一両の単価がべらぼうに高い。これ一両分で、狭い路地にも入れる小型ブルドーザを自治体に配備できる。

神戸で自衛隊は、医療支援、入浴サービス、救援物資の荷役など十数種の活動を展開した。被災者にプラスになるこうした活動は、高価な装備を揃えてきたことへの「罪滅ぼし」としては当然のことだが、そうした活動のテレビ映りのよさに惑わされてはならない。戦闘支援用機材の「転用」に満足している限り、災害救助・復旧専門の機材をもつ専門組織への「転換」はいつまでもできないだろう。

ついでに紹介しておけば、自衛隊の準機関紙『朝雲』九五年一月二六日付は、「偵察活動のため夜間暗視装置を付けた五対戦ヘリ〔部隊〕（明野）〔所属〕の対戦車ヘリＡＨ１Ｓ三機も初めて参加した」と得々と書いた。対戦車ヘリＡＨ１Ｓは機甲部隊相手の戦闘ヘリである。夜間暗視装置が付いているからといって、ただでさえ混乱している現地の空にこんなものを飛ばしたのは噴飯ものである。中古兵器のバーゲンセール、新兵器獲得への予算要求の根拠づくり、そのためのデモンストレーション以外の何ものでもない。テレビのインタビューに応じた第三師団長は、「このような大部隊を指揮できて……」と言って一瞬絶句。「とても緊張します」と続けた。陸自の場合、演習場が狭く、数も少ない。北海道大演習場を除いて、大部隊の指揮運用は困難である。それが図上演習ではなく、実動で大部隊を指揮できたわけである。「師団長として本望であります」という言葉が思わず出かかったのも無理はない。軍隊とはこういうものである。

末端の自衛隊員が必死に被災者を掘り出しているときに、政治や「軍」の上層部には、この機会に従来の制約や拘束を一気に取り払おうという「不純な動機」が見え隠れする。たとえば、防衛庁は、災害対策専門の装備導入の検討に着手した。そのなかで、①映像伝送装置の全国配備、②ヘリコプター用の消火装置、③病院船の導入、を挙げている(Nifty-Serve 時事通信ニュース速報95/02/04)。特に病院船は、大型輸送艦、補給艦、大型輸送機(C17)と並び、自衛隊の海外任務の拡大に伴う必須の装備である。PKO等協力法審議の頃から、軍事専門雑誌では、病院船の保有の議論が出ていた。神戸沖に大病院が浮かんでいて、そこにホバークラフト(高速揚陸艇)救急船が負傷者を運んだら……。こういう善意の世論に便乗して、海外軍事介入能力の不可欠の構成部分である医療・衛生支援用装備を調達しようとしている。そのうち、被災地への物資輸送と称して、C17大型輸送機の要求も出てくるだろう。被災者を「ダシ」にした「悪のり」というべきである。

「〔自衛官募集にあたっては〕現行の学科試験中心から、ボランティアの参加者等も視野に入れた採用を考えると同時に、ボランティアに参加した若者がなんらの抵抗感もなく〔自衛隊の〕門をたたけるような人事制度をはじめとするシステム作りをしていく必要がある」(『朝雲』一九九五年二月二日付、募集欄コラム)。毎年、新隊員の募集に苦慮している自衛隊が、被災地で生き生きと活動する若者たちを見て、「是非ともうちに」と思ったのだろう。いくら「ボランティア」という言葉に「志願兵」という意味があるとはいえ、これも「悪のり」の一種だろう。

三　平和の憲法構想――自衛隊の「脱軍事化」に向けて

筆者が取材した兵庫県のある消防関係者は、神戸に入った自衛隊員たちから次のような話を聞いたという。阪神地区のある部隊が生き埋め現場で救出作業にあたったが、三〇人で一時間かかっても救出できなかった。そこで近くにいた消防レスキューに応援を頼んだところ、五人のレスキュー隊員が一〇分で被災者を救出してしまったという。救助装備をもち、人命救助訓練を重ねてきた消防レスキューと、戦闘訓練を本務とする自衛隊員とでは、人命救助に関して、単純計算で三六倍以上の力の差があることになる。この自衛隊員たちは現隊に戻ってから、「我々は人命救助のエキスパートじゃないよなあ」、「もっと早くというけれど、自衛隊が早く救援に入ったとしても、人命救出訓練なんかしていないからもともと無理だ」などと、口々に語ったという。「自衛隊の装備で人命救助しろというのは、我々消防の「救命索発射銃」(離れた場所にロープを撃ち込み、人を救出する器具)で戦闘やれというようなもので、どだい無理な話ですよ」という彼の言葉が印象に残った。

消防レスキューは最も純粋な人命救助組織であり、救助用ファイバースコープ、油圧式救助器具等々の専門諸機材をもち、技術的練度は極めて高い。反面、消防は、定員未充足、消防・救急車両が定数以下の配備という苦しい状況にある。他府県応援にも限界があり、同時多発的な大災害には対応不可能である。「だから自衛隊」なのか。たしかに、自衛隊は最大の人員と、不整地・路外走行能力、陸海空全般にわたる大量輸送能力をもつ。自衛隊法八三条の災害派遣を「本務」化するという議論も出ている。災害本務の自衛隊。それは、事柄の性質上、災害対策の「軍事化」か、それとも自衛隊自身の「非軍事化」、つまり「軍隊としての終わりの始まり」という二つの道のきわどい選択場面を設定していくだろう。先進各国ともに、「冷戦」型の民間防衛組織や軍事部門を、災害救助の方向にシフトしてきている(米FEMA、独THW、仏ORSEC、オーストリアAAFDRU等々)。こうした状況をも考慮すれば、むしろ自衛隊そのものを「脱軍事化」していく方向を追求すべきである。

自衛隊による「国際貢献」(カンボジアからゴラン高原まで)や「阪神・淡路大震災」を契機とした国家的「危機管理」の議論が活発化するなか、『あたらしい憲法のはなし』の理念を今日的に応用すれば、さしあたり次の四点が指摘できるだろう。

その第一は、「地球的視点」である。地球上の「いま、そこにある危機」は、武力紛争だけではない。地球環境や人類の存在条件は「あるいは徐々に、あるいは急速に」破壊されている。それに対処する視点が必要である。これは前述した憲法前文の平和主義理解から出てくる。そうした観点からすれば、「国益」や「企業利益」を重視しているいまのODA(政府開発援助)や各種援助の根本的見直しも不可欠である。

第二に、地方自治の視点である。自衛隊の場合、守るべきものは「国家」である(自衛隊法三条)。「国民を守る」ことは直接の任務ではない。軍隊というものの宿命なのだが、場合によっては、個々の国民を犠牲にして「国を守る」ということもありうる。それに対して、地方自治体は「住民及び滞在者(外国人を含む)の安全」の保持を目的とする(地方自治法二条三項一号)。「法律の範囲内」の議論のレヴェルに低空飛行するのではなく、憲法九二条の「地方自治の本旨」と九条をリンクさせることにより、地方自治体の平和政策上の積極的イニシアティヴを導出することが必要だろう。

第三に、国家の論理ではなく、市民(民衆)の論理の重要性である。「阪神・淡路大震災」においては、命令・服従の関係ではなく、自発性・創造性に基づく真のボランティア精神が発揮された。平和における市民の役割は一層重要になってくる。同じことは、国際社会における国家の役割の相対的低下と、非政府組織＝NGO(Non-Governmental Organization)の役割の量的・質的増大についてもいえる。ただ最近、政府によって上から組織され、国益を追求するための「別組織」としての「NGO」も登場しているので注意を要する(筆者はこれを「親政府組織」〔Nearly-Governmental Organization〕と呼ぶ)。

第四に、軍事力の平和的転換の視点である。だらだらと「冷戦」型組織を温存し、無用・危険・高価な装備を揃え続けるのではなく、いまこそ、自衛隊を、憲法に適合的な「軍隊でない組織」に転換すべき時である。市民の生命・安全・財産を守り、世界の大災害や環境災害に急行する、機動力と開かれた自己完結性を有する「国際災害救助隊」への転換も有効な選択肢の一つとなろう。ただし、「最小限防御力」であれ何であれ、軍事的要素は存続すべきではない。

二一世紀を前にして、「日本は正しいことを、ほかの国よりさきに行ったのです。世の中に、正しいことぐらい強いものはありません」。この素朴ながら、しかし力強い「初心」を再確認すべきだろう。

(『法学セミナー』一九九五年五月号)

3 国家的危機管理と「民間防衛」

町内会長の「意見書」

いま手元に、「防空訓練――スパイに就て」(一九四〇年九月一九日)という謄写版刷(一部手書き)の意見書がある。これは、当時の東京市江戸川区小岩町第三部長(町内会長)板倉孝氏が作成したもので、送付先として、近衛首相、陸軍大臣、東部軍司令部など八機関が列挙されている。意見書によれば、小岩町における防空訓練の際、所轄の警防団員が毒ガス弾と焼夷弾との区別を明確にしなかったため、住民のなかに、避難すべきか、消火すべきかをめぐって混乱が生じた。そのとき、警防団責任者が住民を一方的に叱責したため、板倉氏との間で公道上の「論争」に発展した。在郷軍人(元憲兵大尉)である板倉氏は、このような訓練の弛緩を、スパイによる「反戦思想ノ助長」、「防空訓練ヲ利用シ市民ト指導者トノ離間ヲ策」すものと捉え、すみやかに軍政を施行することを主張している。そして結論としてこう言う。「彼ノ大震災ヲ思フトキ防空上吾人ノ最モ恐ルルモノハ敵ノ飛行機ニ非ラズ毒ガス弾ニアラズ焼夷弾ニモ非ラズ寧《むし》ロ国内的ニ他ニアリトナス所以デアル」(六頁、傍点は筆者)と。この元軍人の町内会長は、関東大震災時の「朝鮮人暴動」を例に挙げて、「敵は国内にあり」と強調するのである。

「民間防空」のねらい

太平洋戦争突入を前に、強力な国家総動員体制を形成するためには、下からテンション(緊張)を不断に高めていくことが必要であった。そのためには、「身近な敵」の強調ほど効果的なものはない。「市民的自由」を市民自らが切り縮めていくという構図である。

『信濃毎日新聞』主筆・桐生悠々の「関東防空大演習を嗤《わら》ふ」はあまりにも有名だが、こうした防空訓練の実施は、空襲に対する備えというよりも、むしろ地方機関や市民を効果的に統制し、末端にまで管理を浸透させることに主な狙いがあった。「民間防空」ないし「国民防空」も、軍が行う「軍防空」と不可分一体の形で、国防目的に奉仕するものとして位置づけられていた。「民間防空」の目的は国家体制の保護であり、国民の生命・財産の保護はその反射にすぎなかった。「国民防空は根本に於て、強い国家主義に発足せねばならぬ。即ち国民全体が国家と運命を共にすると云ふ殉国精神に出発してゐるのでなければならぬ」、「国民は一人も残らず、……棄身《すてみ》となつて我が尊い国家を護り通すと云ふ決死の覚悟即ち防空精神を発揮することが何より大切であ」る(石井作次郎『実際的防空指導』一九四二年、八〇頁)。

「尊い国家」を守るために、「非常時」に、市民を効果的に動員する。だから、防空法は、原則として市民(老幼病者を除く)の避難を認めておらず、居住者の事前退去の禁止・制限を定めていた(改正法八条ノ三)。「自衛防空の精神から、各自其の持場に踏止《ふみとどま》つて防護に努むることを本旨とし、空襲による被害、火災、被毒等已《や》むを得ざる場合に限つて、混乱を来たさしめない範囲に於てのみ避難が認められる」という理由による(内務省計画局『国民防空の要領』一九三九年三月、二五―二六頁)。米軍が空襲警告の伝単(ビラ)をまいても、市民は個人の判断で逃げることはできなかったのである。「警告のビラがまかれたのに、なぜ逃げなかったのか」という疑問は、現代の市民感覚からのものであろう。

国民の生命の保護という観点からみて疑問視されるような「訓練」もあった。たとえば、「鼻の訓練」。関東防空大演習時の文書にこうある。「毒物の臭は人畜に害のある濃度よりもずつと薄いものでも人間の鼻で感ずる事が出来るから、各種ガスの匂を平生から嗅ぎわける訓練をしておく事は大切な事である。それによつてその毒物の性質を知り、それに応じた防護処置を速《すみやか》に講ずる事が出来るのである。これは窒息ガスだからマスクをつければいいとか、これは糜爛《びらん》ガスだから防毒衣を着なければならぬとか、更にここには晒粉《さらしこ》や石油を撒く、これには炭酸ソーダの水溶液を撒けばいいとか、適宜の処置が臭ひで解る様になれば一番いい」(千田哲雄編『防空演習史』防空演習史編纂所、一九三五年、二七頁)。毒ガスの嗅ぎ分けを「訓練」しても、「臭い」が分かったときはすでにガスを吸い込んでいるわけで、手遅れの場合もありうる(ちなみに、サリンは無臭)。旧軍の精神主義はこのようなところにも現れていた。

『旧満州吉林地区防空訓練写真帖』(満州新聞社, 1940 年 7 月)より

ところで、戦前の民防空体制のなかで、その基本単位とされたのが隣組である。その基本機能は、(1)町会の基礎単位、(2)交隣団体、(3)防空防火等の対処組織、(4)防諜組織、(5)防犯組織、(6)国民貯蓄の実行組織、(7)生活刷新の実行組織、(8)物資配給の基本単位、である(『隣組読本』一九四〇年、一〇頁)。国家が、市民をその細部にわたって確実に捕捉・管理するためには、隣組は実に効果的だった。大阪市『隣組防

空指針』(一九四一年三月)には、「防空は縦の防禦であり防諜は横の防禦である。国土防衛はこの両者が完全に行はれた時に於いて始《(ママ)》めて安全であるが、空襲は防諜の欠陥より起るとも云へるのである」(五五頁)とある。また、『隣組読本』にも、「「吾等の機密は吾等で護る」と言ふ意気の下に、国民の一人々々が防諜員であると言ふ心構へでありたい」(一一四頁)と書かれている。「とんとんとんからりと隣組……」で始まる歌「隣組」(作詞・岡本一平)の一節に、「知らせられたり、知らせたり」というのがあるが、これも見方を変えれば、市民の相互監視、プライバシーの系統的侵害につながりうる。

　こうして国民一人ひとりを「上意下達下情上通」(東京市役所編『隣組常会の栞』一九四〇年、五頁)の状況に組み込み、「私的生活」を奪っていった体制は、結局、空襲そのものに対しても全く無力だった。興味深いことに、防衛庁が戦前の民防空体制を分析・総括した文書のなかでも、「〔戦前の防空政策に〕国民の生命財産の保護を目的とする発想は希薄であった」、「国民の自衛防空組織に過大の任務を与え、また期待した統帥部、政府の指導者の誤り」などが指摘され、その「構造的矛盾」が批判されている(「大東亜戦争間における民防空政策」〔防衛庁防衛研究所研究資料87RO-4H〕一九八七年、二九八―三〇〇頁)。

冷戦の落とし子「民間防衛」

戦後、核戦争に対する備えとして、各国は「民間防衛」に力を入れるようになる。「民間防衛」(civil defense, zivile Verteidigung)とは、「敵の攻撃から国民の生命、財産を守り、公共の建築物、設備、文化財等を防護し、速やかな復旧をはかることを目的とする組織的な非軍事的諸活動をい い、あわせて平時における大地震、暴風、洪水、高潮等の自然災害および大規模な火災、爆発等の人為的災害に対しても備えるもので、中央政府(多くの国では内務省、一部の国では国防省が主管)の計画指導とそれに基づく地方自治体の組織、指導のもとに主として軍以外の民間人が主体となって行う防護活動」と定義される(『国防用語辞典』朝雲新聞社、一九八〇年、三五二頁)。戦前の「民間防空」とは異なり、市民の生命・財産等の保護を目的とし、直接には軍事的性格をもたない。しかし、「民間防衛」には、そのまま受け入れることのできない「毒」がある。とりわけ憲法九条をもつ日本では、「民間防衛」には慎重な態度が必要である。

そして、一九九五年・ニッポン

一九六二年のキューバ危機は、核シェルター設置を含む「民間防衛」体制整備への重要な動機づけとなった。そのなかで、スイスの「民間防衛」体制は完成水準にあるとされてきた。

奇怪な事件が続発する世紀末日本で、そのスイスの「民間防衛」マニュアルが売れているという(スイス政府編『民間防衛』原書房、一九八〇年)。宣伝文句には、「あらゆる危険から身をまもる世界最高の完全マニュアル。TV・新聞で話題の本。緊急事態ハンドブック」とある。購入者の主な関心は、阪神・淡路大震災を契機に、日常的に災害への関心を高めるためのものだろう。だが、その中身は核兵器、生物・化学兵器への対処が中心で、極めてハードである。初期消火の方法、災害への備えや避難の仕方といった技術論だけでなく、このマニュアルの重点が、「内なる敵」への警戒心の喚起にあることは見逃せない。スパイ行為への警戒、「疑わしいことがあったら躊躇することなく通報すること」などが盛んに説かれる。「内部の敵」である左翼政党に対する監視・密告も奨励される。災害マニュアルというにはあまりに政治的である。

この本を紹介した『毎日新聞』九五年三月二一日付「余録」はこう結んでいる。「地下鉄車内で猛毒ガスをばらまき、相手構わず乗客を奇襲した犯人、犯人というより敵といったほうがいい。備えを怠っているところをみて、敵は化学兵器の使用を思い立ったのかもしれない。敵はこの国の内部にいる」。これを執筆したベテラン論説委員は、残虐・卑劣な事件の前に度を失い、国家の論理に見事に取り込まれてしまっている。冷静さを失ってはならない。

「民間防衛」のパラダイム変換

筆者は、一九八六年に金沢市で開かれた憲法の学会で、「有事法制と民間防衛」というテーマで報告をしたことがある(その内容は、和田英夫ほか『現代における平和憲法の使命』三省堂、所収)。

筆者が「有事法制」と「民間防衛」の関係にこだわって報告したのは、七八年から始まった「有事法制」研究が、その第一分類(防衛庁所管法令)、第二分類(他省庁所管法令)の研究をそれぞれ終了し、当時「民間防衛」を含む第三分類の研究に入ったとされていたからであった。「民間防衛」が初めて『防衛白書』に登場したのも七八年。「有事法制」と「民間防衛」は、この国では密接な関係にある。

八〇年代に入り、中距離核ミサイルのヨーロッパ配備をめぐり、米ソの核をめぐる緊張が高まった。そのなかで、「盾」の役割を果たす「民間防衛」体制を強化する新法案がドイツでも焦点となった。この時、医療関係者などから、「核戦争では生き残れない」という批判が強く出された。ある論者は、「あらゆる戦争に対する市民の最良の防護は、新しい民間防衛法によってではなく、強力で、影響力ある効果的な平和運動によって生まれる」と主張した。結局、新「民間防衛」法案は成立しなかった。

ベルリンの壁崩壊に始まる「冷戦の終結」という新しい事態は、全面核戦争を最終シナリオとしつつ組織されてきた「民間防衛」体制に、その存廃を含む根本的問題を提起した。多くの国々は、「民間防衛」組織の改編に着手した。ドイツも同様である。そうした動きを象徴するのが、「民間防衛」専門雑誌の変貌である。この分野の半ば公的な刊行物として、『民間防衛』(*Zivile Verteidigung*)という雑誌があった。この雑誌は、「冷戦」後まもなくして『緊急配慮および民間

「民間防衛」についての専門雑誌のタイトル変遷

防衛』(*Notfallvorsorge und Zivile Verteidigung*)と誌名変更したが、九五年一月号からは、「民間防衛」までもが削除され、単に『緊急配慮』(*Notfallvorsorge*)となった。編集部は誌名変更にあたって、「民間防衛は、ドイツ連邦共和国では、なお二つの領域にのみ、すなわち連邦予算の費目と、連邦内務省の部局名としてのみ存在する。将来的に我々は、もっぱら緊急配慮にのみ献身することになろう」と述べている。軍事的機能に重きを置いた「民間防衛」に未来はない、ということを、この専門雑誌のタイトル変遷は象徴している。

「冷戦」後の新しい状況のもとで、まず主管官庁である連邦内務省が「民間防衛の将来的構造」という報告書を発表し、「民間防衛」の新しい転換構想を提示した（以下の叙述については、Vgl. Zivilschutz in Deutschland — Programm für die Zukunft, in : *Notfallvorsorge und Zivile Verteidigung* (*NZV*) 2/1994, S. 4f. ; Neukonzeption des Zivilschutzes in Deutschland, in : NZV 3/1994, S. 4f.)。連邦内務省は九四年一月二五日、「ドイツにおける民間防衛——将来のためのプログラム」を発表。「冷戦」後の新しい安全保障状況に鑑み、従来の「民間防衛」体制を改めるべきことを提言した。注目されるのは、一般的な「脅威」の想定は存在せず、それと結びついた被害想定は妥当しないとされ、地域単位の災害対処が強調されていることである。かつてのような「全面核戦争」対処が無意味化したことを示す。核シェルター建設は当面まだ放棄されないが、公的シェルター建設促進の国家的プログラムが停止されるなど、再検討の必要性が説かれている。

また、次のような指摘もある。「民間防衛」の基礎にある、核兵器や化学兵器を含むあらゆる態様の戦闘行動を伴う大戦争の危険はもはや存在しない。そのかわり、現代的国民経済から出てくる、人間と社会に対する新しい脅威や危険が問題となる。旧ソ連のチェルノブイリ原発事故はその典型的事例である。そして、工業国家による天然資源の破壊と消費による脅威、すなわち世界的規模での自然破壊である、と。「民間防衛」の新たな存在証明は、自然や環境から生ずる大災害対処の方向に重点をシフトしつつある。

連邦民間防衛庁のもとにあった連邦技術支援隊（ＴＨＷ）という組織も、九三年に組織的に独立し、カンボジアやソマリアを含む世界各地に人道援助・技術支援のため派遣されるに至った。かつての核戦争対処部隊が、いまや国内の水害等の災害に対処する活動と並んで、非軍事的な国際協力活動に重点を置くに至ったのである。このような「民間防衛」組織の脱軍事化傾向は他の国々にも見られる。軍事的要素がなお付着した「民間防衛」が生き残る道は、こうした災害・環境破壊に対処する組織への転換以外ないといえよう。くだんのスイスでも、九四年に民間防衛法と防護建築物法(シェルター法)が改正され(一九九五年一月施行)、「冷戦」時代とは異なる方向に少しずつ軌道修正しつつある。日本でベストセラーになっているスイスのマニュアルは「冷戦」時代のものであることに留意する必要があろう。

日本の「危機管理」をどうする

阪神・淡路大震災を契機に、市民の防災への関心は高まっている。その一方で、自衛隊と自治体との関係も密接になろうとしている。国家的危機管理の一環として、「民間防衛」の議論が出てくる可能性は高い。いま求められているのは、そうした国家的論理の方向ではなく、住民自治を基本とした、市民の視点からの災害対策の構築である。災害救助組織についても、自衛隊活用論に走ることなく、自治体を基軸にした全国規模の常設救助組織の設置を検討すべきだろう。

他方、毒ガスを使った無差別殺戮により、住民が自治会・町内会、企業、学校などのさまざまなルートを通じて、国家(警察)との「協力」を強化させられる方向も強まっていくだろう。「原発の異変」(事故やテロの対象?)も危惧される。昔「地震・雷・火事・親父」、いま「(大)地震・毒ガス・テロ・原発」か。戦前の民防空体制下の「スパイ」通報・監視システムの再現とはいわないが、毒ガスの臭いとともに、「公安警察国家」化のいやな臭いもすでに漂い始めている。市民の生命を平然と奪うテロに対しては毅然たる態度をとりながらも、市民的自由の縮減につながりかねない動きに対しては、厳しい監視の眼が必要だろう。

(『三省堂ぶっくれっと』一一五号、一九九五年五月)

【コラム】

正月三日付朝刊というのは「お節料理」ならぬ「お節記事」が多い。各紙社会面には、元旦の交通事故などの記事と一緒に、「日本海でロシア・タンカー遭難」というベタ記事(『読売』は一六行)。これを見た瞬間、岡山県水島コンビナートの重油流出事故(一九七四年)を思い出した。だが、続報は鈍かった。九七年一月四日付『東京新聞』が初めてカラー写真付きで「三七〇〇トン重油の帯」という記事。それでもまだ政府の動きは鈍い。『毎日』七日付夕刊の「重油、東尋坊に漂着」というカラー写真で、ショックが広がりだした。バケツとひしゃくで重油を除去する人々の姿が全国に流れたのは八日付夕刊からだ。インターネットのドイツ通信社サイトには、一二日夕方、「約一五〇〇人のボランティアと八〇〇人の兵士が重油とたたかっている。最も原始的な方法(バケツとひしゃく)を使って」という記事が載った(http://www.germany-live.de)。「経済・技術大国日本」の「最も原始的な方法」が世界に知れ渡った。「水際で防げ重油被害」(『朝日』一三日付夕刊)。だが、重油によって日本海の沿岸は「侵略」されてしまった。それでも、膨大な予算は、「敵の武装部隊の水際阻止」の方には盛大に費やされている。「本物の危機」に対するこの鈍感さこそ、「いま、そこにある危機」である。

＊

ドイツの日刊新聞(*die tageszeitung*〔http://www.taz.de〕)九七年一月二九日付に、重油流出事故のレポートが掲載された。特派員が現地に赴き、漁民やボランティアに直接取材した生々しい内容だ。「二年前は神戸の地震で観光客が来なかった。昨年は、原発もんじゅの事故への不安が観光客を遠ざけた。そして今、重油被害だ」。レポートは、政府の無策を乗り越えて活動する住民やボランティアの姿を伝えながら、福井の旅館に働く人の次の言葉で結ばれる。「汚染された沿岸にある一五の原発に張られたオイルフェンスが、流出重油を原子炉の冷却水から分離するのに十分でないことを望みます。原子炉がその運転を抑制せねばならなくなり、大阪や東京で照明が消えれば、日本の他の地域も重油被害を認識するでしょうね」。「緑の党」に近い新聞だけに、重油被害と原発との関係を鋭く突く。太平洋側の鹿島などには、重油事故に備えた最新装備が備蓄されている。その一部が原発正面に送られた。石油連盟と電力会社との連携は素早い。堰式油回収機をはじめ、最新の油濁防除資機材(http://www.joho-yamaguchi.or.jp/kaneyasu/oil. html) も開発されている。こうした技術や能力が、なぜ沿岸地域の環境や漁民・住民の生活を守るために総合的に活用できないのか。「裏日本」への政府の姿勢は冷たい。危機は、この国の構造そのものの中にある。

4 平和のためのボランティア——非軍事の国際救助組織考

大震災とボランティア

「防衛庁・自衛隊は毎年多くの若者を必要としている。公務員の採用である以上、採用試験という宿命はあるものの、現行の学科試験中心から、ボランティアの参加者等も視野に入れた採用を考えると同時に、ボランティアに参加した若者がなんらの抵抗感もなく門をたたけるような人事制度をはじめとするシステム作りをしていく必要があるのではなかろうか」。阪神・淡路大震災の被災地で活動する民間ボランティアについて、自衛隊の準機関紙『朝雲』の募集欄コラムはこう書いた(一九九五年二月二日付)。もともと「ボランティア」という言葉に「志願兵」という意味があるにしても、新隊員の募集に苦慮している自衛隊の、「是非ともうちに」という気持ちが滲み出る一文である。

「指示待ち世代」とか「イルカ世代」などといわれてきた若者たちの少なくない部分が、被災地に向かった。筆者が授業で地震・災害法制について講義したところ、そのまま神戸にボランティア活動に行った学生もいた。一人は、後期試験の答案用紙に、神戸での一週間の活動を裏までびっしり「報告」してきたので分かった。もう一人は、筆者が非常勤講師をしていたエリザベト音楽大学(広島市)の学生。彼女が東灘区の避難所近くから電話してきたときは、正直いって驚いた。* いずれも、日頃はあまり目立たない学生であった。広島大学では、地震の翌週、教職員と学生ボランティアが、生物生産学部附属練習船(豊潮丸)で、神戸商船大学の埠頭に直接接岸。炊き出し等の支援活動を行った。その後も、一〇〇名を超える学生がボランティア登録をして、交代で支援活動を行った。岐阜大学でも、教職員や生協などが「学生ボランティア支援連絡協議会」を組織。交通費や炊き出し材料費などを集め、地震翌週から五月末までに、二一波三〇〇名以上を現地に送った。「かつての組織的で縦系列的なオールドボランティアと異なり、ニューボランティアは非組織的に、友達同士でやってくる」(近藤真・岐阜大学助教授、談)。こうしたボランティア活動の甘さや弱点をあげつらうことは容易である。だが、近年これだけの数の若者が、「人のため」に自発的に行動したケースはなかったように思う。この国の若者や市民のなかにも、自発性や創造性を発揮して、「平和」のために活動しようというエネルギーは確実に存在する。

* この学生は、広島県呉市のタウン誌に次のような一文を書いている。
〈原形をとどめないほど崩れた家の前に、ほこりまみれのピアノがあった。鍵盤をたたくとちゃんと

音が出る。誰もいない夕暮れ時の道端で、一人ピアノを弾く。リチャード・クレイダーマンの「星のセレナーデ」になっていた。「いいねえ……」。振り向くと、年配の男の人が立ち止まって聴いている。被災地神戸でボランティアを始めて五日目。初めて泣いた。それまでこらえていた涙がとまらなかった。

次の日、ピアノは公園の隅のゴミ捨場にあった。早速、避難所で仲良しになった小学校一年のA子ちゃんを連れていく。地震のショックや、その後の避難所生活で、子供達にかかるストレスは大きい。無表情で口もきかない子、ひどく甘えたり、すぐ怒りだす子……。ケンカも絶えない。

A子ちゃんと「ネコふんじゃった」の連弾になる。たちまち子供たちが集まってきた。われさきに鍵盤に手をのばし、「お姉ちゃん弾いて！」とせがむ。音楽大学の四年間でも、こんなに楽しく弾いたことはなかった。〉(『くれえばん』一九九五年四月号〔岩田民子、一部修正〕)

非軍事の国際的災害救助組織を

先進各国とも、冷戦型の軍事組織をそのまま維持することが困難となるなかで、国内外の災害や環境破壊に対処する方向を重視しはじめた。軍隊の一部をその方向にシフトさせた国もある。

オーストリアでは、一九九〇年五月、「オーストリア軍災害救助隊」(AAFDRU〔Austrian Armed Forces Disaster Relief Unit〕)が誕生した。要員は最大で三〇〇人。軍人だけでなく、民間援助組織の専門家(救助犬を扱う人など)も含まれている。専用の大型輸送機と一四日間補給なしで活動できる自己完結型組織をもち、災害発生から一二時間以内に出動できる。軍隊の一部門ではあるが、軍隊の「余技」ではなく、災害救助専門組織である点が重要である。

国家機関でありながら、ボランティアの能力を発揮させている組織もある。ドイツの連邦技術支援隊（ＴＨＷ〔Technische Hilfswerk〕）である。六五〇人の正規職員のほか、六万四〇〇〇人の活動要員はボランティアである。もともと核戦争に対処する民間防衛組織であるが、実際には国内の水害などに出動することが多かった。九三年からは、連邦民間防衛庁から分離されて、内務省のなかの独立の機関となった。近年では、海外における人道的な援助・技術支援活動を活発に展開している。ちなみに、ＴＨＷの海外活動実績は九二年度の場合、トルコ、スーダン、ルーマニア、ブルガリア、スロベニア、旧ソ連の各共和国、クロアチアに及ぶ。九三年以降、カンボジア、ソマリア、ルワンダなどにも展開している。ＴＨＷは、「国際技術支援隊」（ＩＴＨＷ）と称するにふさわしい、非軍事的「国際貢献」組織の性格を具備しつつあるといえるだろう。

こうした方向をさらに推進するため、国際的な援助活動の常設組織の構想も出されている。野党の社会民主党（ＳＰＤ）は、九三年五月に、五〇〇〇人のボランティア要員から成る「ドイツ環境・災害援助隊」設置を求める法案を提出した。同年九月のＳＰＤ党大会では、環境破壊対処や人道援助、災害援助を目的とした「民間平和部隊／環境・災害援助隊」が提案された。これは、民間援助組織や連邦軍に存在する資機材や能力等を活用するとともに、専門的知識・技能をもったボランティアを組織するものである（男女の区別なし）。さらに、九四年九月、ＳＰＤ議員団は、開かれた環境・災害援助隊(ドイツ援助隊)の設置を求めた。いずれも与党の反対で実現しなかったとはいえ、ボランティアの能力を活かした、新しい国際的援助組織のあり方として注目されよう。

「民間平和奉仕」

自然災害や環境破壊だけでなく、地域紛争のような「人災」に対処するボランティア活動も提起されている。ドイツでは、九〇年代に入り、非軍事的な平和活動として、ボランティアの「民間平和奉仕」(ziviler Friedensdienst)が主張されるようになった。この「民間平和奉仕」構想は、九一年にベルリン・ブランデンブルク州プロテスタント教会によって提起されたもので、紛争の組織的・非暴力的処理について徹底的に訓練を受けた協力者を紛争地域に派遣するというものである。ボランティアは、「非暴力的紛争解決」の基本コースをマスターし、選挙監視や難民援助活動のために必要な機能的訓練を受け、紛争当事者を仲裁する技術を身につける必要がある。キリスト教の平和奉仕がベースにあるが、非軍事的手段による紛争解決の形態として注目に値する。また、徹底した非暴力の姿勢で、紛争当事者間を仲裁したり、紛争地域でさまざまな援助活動を展開している「国際平和旅団」(PBI〔Peace Brigades International〕)という「平和ボランティア組織」もあるが、ここでは立ち入らない(拙著『現代軍事法制の研究——脱軍事化への道程』日本評論社、参照)。これらは災害救助組織とは目的も性格も異なるが、こうした「民間平和奉仕」的な活動形態も、今後検討に値しよう。

最後に一言。日本でも、自衛隊の安易で簡易な「活用」(「在庫一掃的利用」)ではなく、本格的な救助専門組織の設立が必要だろう。その際、ドイツのTHWのように、ボランティアの要員の枠を広げることが必要である。憲法違反の自衛隊を解散し、隊員は再教育の後、本人の希望に基づき、「国際救助隊」や非軍事の各種専門組織に再配分する。自発性と創造性を発揮しうる非軍事的な組織になれば、神戸で活躍した若者たちの多くが「なんらの抵抗感もなく門をたたける」ことだろう。

(宇都宮軍縮研究室『軍縮問題資料』一九九五年八月号)

第四章　「安保再定義」・「有事法制」・沖縄

1　アジア太平洋安保の問題性

北太平洋から南アフリカまで

奇妙な看板である。誰に向かって「ごめんね(PARDON)」と言っているのか。米軍厚木基地内にある米第五空母航空団分遣隊の建物。滑走路北西の艦載機格納庫の南側にあるため、市民の住宅地域からは、どうやってもこれを見ることはできない。

「自由のサウンド」というのも凄い。基地周辺住宅地では、航空機騒音が人間の生理的限界とされる一二〇ホンを超えることもあるという。いくら米軍でも、「自由のための騒音」だから我慢せよというわけでもないだろう。南側にターミナルがあるから、そこに来る米軍人・家族に対して向けられたものと推察される。実は、この写真で注目されるのは、左下の小さな看板、「北太平洋から南アフリカまで」である。

第五空母航空団は、空母インディペンデンス(CV-62)の艦載機を含む、第七艦隊の全航空部隊を統括している。第七艦隊の担任領域は、ハワイ西方海域(西経一六〇度)から南アフリカの喜望峰(東経一七度)とされているから、地球のほぼ半分をカバーすることになる。この看板は、米軍基地の機能が「極東」の範囲をはるかに超えていることを率直に物語っている。

厚木基地内の米第5空母航空団分遣隊
(日本ジャーナリスト会議提供)

日米安保共同宣言と安保体制の変容

一九九六年四月一七日。日米首脳会談を経て、「日米安全保障共同宣言――二一世紀に向けての同盟」が発表された。沖縄米軍基地の「縮小」という「アメ」の部分も含まれているが、よくよく見ると、基地機能の質的強化や、日本による便宜供与の一層の拡大など、米側からすれば「一歩後退百歩前進」ともいうべき内容である。主なポイントは次の通り。(1)アジア太平洋地域(特に朝鮮半島)における「不安定性及び不確実性」の存在に鑑み、日米がこの地域の「安定」促進を確認したこと、(2)日米安保条約を、アジア太平洋地域の「安定」と「繁栄」維持の基礎に位置づけるとともに、「地球的規模の問題」に対する協力の土台に据えたこと、(3)「米国の軍事的プレゼンス」(前方展開軍一〇万人を含む)の維持を不可欠なものとし、日本側の一層の便宜供与(物品役務相互提供協定〔ACSA〕締結を含む)を約束したこと、(4)「日本周辺地域事態」における軍事協力の促進と、「日米防衛協力のための指針(ガイドライン)」の「見直し」を明言したこと、である。

「宣言」の問題点として、とりあえず次の五点を指摘しておきたい。

まず第一に、「宣言」で確認された事柄は、現行安保条約の明文上の修正を一切伴うことなく、その目的・対象・機能をドラスティックに変更しようとするものである。条約の対象地域は「極東」から「アジア太平洋地域」にまで拡大された。一方、日本自身がコミットする領域も、「日本周辺地域」という概念の導入によって一気に広まったといえる。

第二に、冷戦後の新しい状況のもとで、軍事的同盟関係だけがことさらに、かつ過度に押し出されていることである。時代錯誤的な同盟観念と過度の国益中心主義がそこに見え隠れする。

第三に、「不安定性及び不確実性」という表現も曲者である。誰にとっての、どのような「不安定性」なのか。世界のGNPの四割を占める日米両国が、安定した資源・市場を確保するため、両国にとって「予測不可能」なものを摘出・除去していく。その場合、アジアの民衆が何らかの政治的・体制的変化を求めたとき、日米両国にとって、それが「不安定性」の原因と見なされることもありえよう。

第四に、集団的自衛権の問題がある。「宣言」のなかで、朝鮮半島は「極めて重要」とされたが、英文では「死活的に重要」(vitally important)となっている。集団的自衛権の場合、他国への攻撃を自国に対する攻撃と同視するわけだから、当該他国との間に「死活的利益」(vital interest)が存することが必要である。訳文では曖昧にされているとはいえ、英文に「死活的」という表現が出ている以上、集団的自衛権が前提とされていることを示唆する。

第五に、右と関連して、「ガイドラインの見直し」が明言された点も重要である。「見直し」といいながら、その実は、「宣言」の内容を実施・具体化する「新ガイドライン」の策定にほかならない。不都合の手直しの印象を与えながら、本体の交換が意図されているわけである。外務省の安保セクションの課長は、「ガイドラインの見直しにより、集団的自衛権行使解釈の見直しの動きが加速される。二、三年以内に憲法解釈が新しい現実に沿うように調整される可能性がある」と正直に語っている（『朝日新聞』一九九六年四月一八日付夕刊）。こうした動きと連動して、関連国内法令の整備もはかられている。

六〇年「新安保条約」は、三六年以上の時の経過のなかで大きく変容し、ある部分においては「安保条約違反の安保体制」（森英樹）とも呼びうる状況に至っていた。それがこの「宣言」により、「新・新安保条約体制」ともいうべき新しい質を備えてきているのである。このような安保条約の変容は、日本国憲法との関係でどのように評価されるべきだろうか。安保条約に基づく米軍駐留の合憲性が正面から争われた砂川事件を素材としながら考えてみよう。

砂川事件で問われたこと

砂川事件は、米軍立川基地拡張に反対する砂川町（当時）の農民らが、基地内にわずかに立ち入ったということで、刑事特別法違反（合衆国軍隊の施設・区域を侵す罪）に問われた事件として知られる。農民が抵抗闘争の一環として起こした民事訴訟や、裁決申請書類の公告・縦覧（土地収用手続の一環）を拒否した砂川町長（当時）に対する職務執行命令訴訟を含む、二〇年にわたる粘り強い基地拡張阻止の裁判闘争全体を、「砂川訴訟」として総合的にとらえる視点も必要だが

(『ドキュメント現代訴訟』日本評論社、一七六―一八三頁〔新井章〕)、ここでは紙幅の関係上、刑特法違反事件に限定する。

砂川(刑特法)事件では、一審の東京地裁が、駐留米軍は憲法九条二項に違反するという明快な判断を下し、被告人を無罪とした(東京地判一九五九・三・三〇下刑一巻三号七七六頁)。大慌ての国側は、最高裁に跳躍上告。最高裁は、「疑似統治行為論」的手法を用いて、安保条約に基づく米軍駐留が「違憲無効であることが一見極めて明白であるとは、到底認められない」として、原判決を破棄・差し戻した(最大判一九五九・一二・一六刑集一三巻一三号三二二五頁)。一審判決からわずか八カ月。安保条約改定の日程に合わせるかのようなスピード判決だった。この最高裁判決は、六〇年「新安保条約」下の基地訴訟をはじめ、安保がらみの事件について、裁判所をいわば「思考(判断)停止」に追い込む絶大なる影響力を与えつづけている。砂川事件で問題となったのは五二年「旧安保条約」であるが、判決の論理のなかから、安保体制の今日的展開を照射する上で参考になる点に限定して論点を拾っておこう(自衛権論や違憲審査権に関わる論点はあえて省略する)。

まず第一に、東京地裁判決は、憲法九条が自衛のための戦力の保持をも許さないとの立場から、国連安保理事会等がとる軍事的安全措置までを限界ラインとする。これに対して最高裁判決は、必要な自衛措置の形態として、国連の安全措置に限らず、国際情勢の実情に即応した安全保障方式を他国に求めることが許されるとする。

第二に、駐留米軍の役割や機能をどう評価しているか。地裁判決はいう。駐留米軍は、合衆国が戦略上必要と判断した際にも当然日本区域外に出動しうるのであり、その場合、わが国が自国と直接関係のない武力紛争の渦中に巻き込まれ、戦争の惨禍がわが国に及ぶおそれがある、と。最高裁判決は、平和条約や安保条約の文言をなぞりながらいう。駐留米軍は、もっぱらわが国およびわが国を含めた極東の平和と安全を維持し、再び戦争の惨禍が起らないようにするために存する、と。

第三に、駐留米軍と憲法九条との関係についてはどうか。地裁判決はいう。米軍の駐留は、それを要請したわが国政府と、合衆国政府の合意に基づくものであり、それはわが国政府の行為によるものである。また、わが国が外部からの武力攻撃に対する自衛に使用する目的で合衆国軍隊の駐留を許容していることは、指揮権の有無、合衆国軍隊の出動義務の有無にかかわらず、日本国憲法九条二項前段によって禁止されている陸海空軍その他の戦力の保持に該当する、と。他方、最高裁判決は、憲法九条二項が保持を禁止した戦力とは、わが国が主体となって指揮権・管理権を行使しうる戦力をいい、外国の軍隊は、わが国に駐留していても、ここでいう戦力には該当しないとする。

さて、二つの判決が出されてから三七年が経過した。最高裁判決は、米軍に対して日本側の指揮権・管理権が及ばないことを、「戦力」否定の決定打として挙げたが、外国軍隊に指揮権・管理権が及ぶかどうかを問うこと自体、一種の「ないものねだり」なのである。それに対して地裁判決は、米軍の駐留に関する日本政府と米国政府との合意、米軍駐留を許容する行為の実質に着目して、戦力の保持であると断定した。在日米軍の各種経費、総額六二五七億円(一九九五年)を負担する現在、日本は米軍という「戦力」を金で「保持」しているとさえいえるだろう。結局、最高裁は、統治行為論的手法で逃げながら、日本および「極東」の平和と安全の維持という目的により、旧安保条約に基づく駐留米軍を正当化した。ところが、今回の「安保共同宣言」からは、「極東」(Far East)という文言さえ駆逐された。「アジア太平洋地域」にまで条約の対象範囲を拡大する現在の方向は、最高裁判決の論理をもってしても正当化しえないだろう。

また、「安保共同宣言」の路線は、日本区域外への米軍出動の可能性を一層拡大するとともに、「わが国が自国と直接関係のない武力紛争の渦中に巻き込まれ」る危険性をも増大させることになろう。もっとも、地裁判決の当時は、日本が武力紛争に「巻き込まれる」という点にポイントがあったが、今日の段階での問題は、武力紛争に「巻き込まれる」というよりは、むしろより積極的に、日本が米軍に協力して、「アジア太平洋地域」の「安定」のために軍事的カードを使う方向に踏み出したという点にある(当面は兵站《へいたん》部門を負担するという形で)。しかもACSAには、国連PKO等における活用までも盛り込まれている。いうところの国連中心主義は安保体制の枠にすっかり取り込まれ、「アジア・極東安保」どころか、「世界安保」へと進展しかねない勢いである。

自衛の目的であれ何であれ、その目的のいかんを問わず、「武力による威嚇」や「武力の行使」は憲法上許されない。国連決議に基づくものであっても、軍事力を直接・間接に用いた活動への関与は違憲となる。米軍の戦闘部隊に対して、直接・間接の便宜供与・協力を行うこともまた、「政府の行為」によって行われる以上、許されない。「後方支援」ならば憲法上問題ないというのは、軍隊の実質を知らない議論である。「後方支援」は、「兵站」(logistics)の意味であり、それ自体、戦闘部門と一体不可分の関係にあり、それを支える軍事機能である。ACSAで規定された一五項目(食料、水、輸送、燃料等々)の支援は、いわゆる「兵站」のほとんどすべてをカバーする。(1) ACSAと照応して、自衛隊法にも関連規定が追加された。(2) このような米軍に対する「至れり尽せりの構造」は、砂川事件東京地裁判決の論理を援用すれば、指揮権の有無を問わず、違憲の「戦力」であると構成することもできよう。

国連についてのやや楽観的評価があるものの、駐留米軍の実質に着目した憲法九条の厳格な解釈という点で、改めて砂川事件東京地裁判決の価値を読み直す必要があろう。

フィリピンの選択から学ぶもの

少女レイプ事件を契機に盛り上がった「基地のない沖縄」に向けての巨大なうねりは、「極東有事」のヒステリックな叫びのなかで、一時停滞を余儀なくされている。まさに「極東有事オブセッション(強迫観念)」であり、米軍(「多国籍軍」)への協力が「国際貢献」であるかのごとく喧伝された湾岸危機(戦争)の時(「国際貢献オブセッション」)を想起させる。あの時も、自衛隊の「海外派遣」の「実績」だけが残った。今回の「極東有事オブセッション」は、国民生活に密接にからむ問題を含む分だけ、「危機」の煽り具合は激烈である。冷静な議論が求められる所以である。

それにしても、この国の議論では、なぜ日米安保条約が「自明の前提」とされるのだろうか。二一世紀を語るのならば、冷戦終結後の新しい平和の枠組を構想していくとき、日米間の軍事同盟関係を解消し、平等な主権国家相互の「普通の関係」をどう作っていくかという選択肢もあっていいはずである。安保条約の廃棄なんてとんでもないという人は、アメリカに対する基地提供条約に「NO」を言った国が現実に存在したことを知るべきである。それは、フィリピンである。

一九九一年九月一六日午後八時一〇分。フィリピン上院は米軍への基地提供を根拠づける「友好協力安全保障条約」を不承認とした。フィリピン憲法によれば、条約の締結には、上院の総議員の三分の二の同意が必要である。結局、この条約は発効せず、九二年末までに米軍基地はすべて撤去された。

日本以上にアメリカに依存し、経済的にも苦しいフィリピンが、あえてアメリカの意向に逆らう決断をするのには相当な勇気が必要だったろう。その経過や背景については、松宮敏樹『こうして米軍基地は撤去された！』(新日本出版社、一九九六年)に譲るが、そこで紹介されているフィリピン上院議員たちの議会演説は大変感動的である。

たとえば、ホアン・ポンセ・エンリレ議員(元国防相)はいう。「米軍の前方展開を続けさせることによって、国の政策としての戦争を放棄した憲法に反する」。また、前大統領の義弟アガピト・アキノ議員は、「フィリピン憲法は、その精神において、国の政策としての戦争を放棄し、独立した外交政策を追求し、自立した経済の発展を求めている。条約は、これらの憲法上の要請を事実上、否定している」と断言する。さらに、オルランド・メルカド議員(元公共事業相)は、「憲法をそんなに軽く扱うこと、条約に合わせるために憲法を粗末にすることは、絶え間ない政治的不安定という災いを招く」と強調する。

自らの憲法にしっかりと立脚して、誇りと確信をもってアメリカに「NO」を突きつけたフィリピンの政治家たち。ここまではっきりとものを言える政治家が日本にいるだろうか。

アジアの安定どころか、むしろ緊張の発信源となっている米軍基地は、沖縄のみならず、日本全国から撤去する必要がある。そして、「冷戦」の産物にすぎない日米安保条約を、「再定義」などという小細工を弄して延命・強化すべきではない。軍事同盟関係を一旦ご破算にした上で、日本国民がこの地域における「よき隣人」たることをめざすべきであり、日米関係はそうした枠組から再出発する必要があろう。

長期的に見れば、世界は軍縮の方向に向かっている。地球環境問題や人口問題等への共通対処も必要となっている。地域紛争などを解決するためには、紛争の原因となる貧困や不公正等を除いていく「平和の根幹治療」が必要である。その点で、「人間の安全保障」という、九四年の国連開発計画のなかでうたわれ、九五年の国連社会経済サミットで承認されたコンセプトは重要である。国家安全保障から「人間の安全保障」へ。これは日本国憲法の平和的生存権と重なる考え方であろう。

（1） 日米物品役務相互提供協定（ＡＣＳＡ〔Acquisition and Cross-Servicing Agreement〕）の内容

①食料（食料、食事の提供、調理器具等）
②水（水、給水、給水に必要な用具等）
③宿泊（宿泊設備および入浴設備の利用、寝具類等）
④輸送（空輸を含む。人または物の輸送、輸送用資材等）
⑤燃料・油脂・潤滑油（燃料、油脂および潤滑油、給油、給油に必要な用具等）
⑥被服（被服、被服の補修等）
⑦通信（通信設備の利用、通信機器等）

⑧衛生業務(診療、衛生器具等)
⑨基地支援(廃棄物の収集および処理、洗濯、給電等)
⑩保管(倉庫または冷蔵貯蔵室における一時的保管等)
⑪施設の利用(建物、訓練施設および駐機場の一時的利用等)
⑫訓練業務(指導員の派遣、教育訓練用資材、訓練用消耗品等)
⑬部品・構成品(軍用航空機、軍用車両および軍用船舶の部品または構成品等)
⑭修理・整備(修理および整備、修理および整備用機器等)
⑮空港・港湾業務(航空機の離発着および艦船の出入港に対する支援、積卸作業等)

(2)　自衛隊法一〇〇条の九

1　内閣総理大臣又はその委任を受けた者は、日本国の自衛隊とアメリカ合衆国軍隊との間における後方支援、物品又は役務の相互の提供に関する日本国政府とアメリカ合衆国政府との間の協定(次項において「日米物品役務相互提供協定」という。)の定めるところにより、自衛隊の任務遂行に支障を生じない限度において、アメリカ合衆国の軍隊に対し、物品を提供することができる。

2　長官は、日米物品役務相互提供協定の定めるところにより、自衛隊の任務遂行に支障を生じない限度において、アメリカ合衆国の軍隊に対し、役務を提供することができる。

3　前項の規定による役務の提供に関し必要な事項は、政令で定める。

(『法学セミナー』一九九六年八月号)

【コラム】

東広島市に米軍川上弾薬庫がある。陸軍第八三兵器大隊。弾薬貯蔵能力五万一〇〇〇トンで

「太平洋地域で唯一最大」といわれる。広島大学西条キャンパスは北西にわずか六キロだ。一〇五ミリ砲弾を一日八〇〇発補修する工場をもつ。裏ゲート横から、望遠レンズで「危険度1」正八角形の標識を写したことがある(拙著『ベルリン・ヒロシマ通り——平和憲法を考える旅』中国新聞社、参照)。米陸軍「爆薬・爆発物類安全規準」によれば、「危険度1」は、"mass detonation"(大爆轟)とある。核・非核を区別する基準ではないが、危険度はトップクラスだ。六年前、呉市議会議員団が立ち入り調査をしたときは、この標識が二五本立っていたという。九七年三月三日発売の『週刊現代』グラビアを見て驚いた。この弾薬庫の全景が見事な航空写真でとらえられている。よく見ると、以前よりも弾薬庫の数が増えている。冷戦が終結したのに、ここは強化の一途だ。湾岸戦争のとき、イラク攻撃のためにフル稼働した。毎日のように、ごく普通の輸送トラックで岩国などに運ばれていくのを私自身何度も目撃したことがある。ここの司令官ループ中佐(当時)は、隊員向けメッセージのなかで、ここの弾薬が「真っ先に砂漠地帯に陸揚げされ、発射の準備がされた」と語ったという(『朝日新聞』一九九二年二月一日付広島版)。近所に住んだ者としては、こんなぶっそうなものを早く返還させて、緑豊かな公園にでもすべきだと思ったものだ。広島大学の統合移転で、この地域は「賀茂学園都市」として発展している。大学街に弾薬庫はいらない。

2 「有事法制」とは何か

「二つの憲法」の五〇周年

今や日本は好むと好まざるとにかかわらず、国家発展の途上重大なる岐路に立っている。東亜の安定力たる日本の使命はとりもなおさず新しい世界秩序の建設への使命である。……この目標の下に物心一如の総動員が進行しつつある。憲法政治こそは、この国民総動員のために大いに活用されねばならぬ。

大日本帝国憲法発布五〇周年を祝う文章の一節である(蠟山政道「国家総動員と我が憲法」『読売新聞』一九三八年二月一一日付。当時は「数え年」だった)。「東亜の安定」と「アジア太平洋地域の安定」、国家総動員法と有事法制。正反対の憲法原理に基づく「二つの憲法」の公布五〇周年は、なぜかキナ臭い雰囲気が漂う点で共通する。しかし、単純に歴史が繰り返されているわけではない。たとえば、(a)アジア地域における不安定状況→(b)紛争の可能性→(c)米軍に対する支援・協力→(d)法的整備(有事法制)の必要性、といった具合の議論がある。北朝鮮や中国のように、その内部に深刻な矛盾を抱え、それとうらはらに強引な対外政策や軍事的挑発を展開する国家は確かにある。そうした行為は、国内的にも国際的にも解決を要する重要な問題である。だが、昨今の議論では、(a)や(b)の問題が(c)・(d)の問題にダイレクトに結びつけられ、しかも阪神・淡路大震災時の対応の遅れの問題までが、そうした方向を誘導する「教訓」として用いられている。

こうした議論の仕方には疑問がある。(a)・(b)を解決しなければならないという目的のレヴェルの正当性が、手段をまるごと正当化するわけではない。手段のレヴェルは手段のレヴェルでその正当性を検証しなければならない。だから、まずもって(c)・(d)だけが唯一無二の手段と決めてかかった議論は論理的にも成り立たない。「国際貢献」問題が自衛隊の海外派遣の問題に収斂されていった湾岸戦争前後の議論の仕方は、克服すべきものであって踏襲すべきものではない。誰にとっての、どのような「有事」か、に立ち返った冷静な議論が求められる所以である。本節では、憲法の平和主義の観点から、有事法制について「そもそもの疑問」を提示しておきたい。

「日本有事」から「極東有事」へ

「有事法制」とは、外部からの武力攻撃＝防衛出動事態における自衛隊の行動とその基礎に関わる法的仕組みをいう。非常(緊急)事態法制よりも狭い概念であり、戦後日本の憲法・政治状況に強く規定された表現形態ともいえる。

戦後の有事法制研究史の画期は、一九六三年の「三矢研究」(「昭和三十八年度統合防衛図上研究」)の「非常事態措置諸法令の研究」であろう。そこでは、「第二次朝鮮戦争」を想定してさまざまな事態がシミュレートされた。検討項目は、一般労務の徴用から栄典制度の確立に至るまでの計一〇七件にのぼり、まさに「有事のトータル・メニュー」である。研究そのものは、国会での厳しい追及によって頓挫したとはいえ、「三矢研究」がその後の有事法制研究の先駆けとなったことは間違いない。

「三矢」が制服独走との批判を受けたこともあり、一九七七年の有事法制研究は、首相了承・防衛庁長官指示により開始された。第一分類(防衛庁所管法令)、第二分類(他省庁所管法令)、第三分類(所管省庁が明確でない事項に関する法令)と、順次検討されてきた。第二分類までの研究は八四年までに「おおむね終了」とされたが、民間防衛やジュネーヴ条約関係(捕虜の扱い等)を含む第三分類については未だ公表されていない。役所の所管による分類ということもあって、第三分類は結局「政府全体で検討すべきもの」として先延ばしになったようである。『防衛白書』は八八年版以降、有事法制を、①自衛隊の行動に関わる法制、②米軍の行動に関わる法制、③国民の生命・財産等の保護等のための法制、という形で分類するようになった。自衛隊の行動や米軍に関する法制は整備が進んでおり、最も「遅れている」のは、国民の権利・義務に関わる③とされている。有事法制の固有の問題は、実は③の領域にあるといってもよいだろう。従来の有事法制研究は、冷戦下ということもあり、「日本有事」における対処行動とそれに伴う国内法整備に重点が置かれていた。冷戦終結後、「日本有事」の可能性とリアリティが格段に減少したのに伴い、かわって脚光を浴びてきたのが「極東有事」である。

「極東有事」研究は一九八二年一月に始まっていたが、いま一つ動きが鈍かった。九六年四月一七日の「日米安保共同宣言」によって、「極東有事」研究の意味は質的に変わったといえるだろう。最近では、「日本周辺地域事態」という呼び名も検討されているという(「ガイドライン」見直しに関する政府方針、『読売新聞』一九九六年五月一八日付「スクープ」記事)。「極東有事」という点から見たとき、「物品役務相互提供協定」(ACSA)の締結は重大な意味をもつ。一五項目(食料、水、輸送、燃料等)の内容は、「兵站」のほとんどすべての領域をカバーすることになる。また、ACSAは、①共同訓練、②PKO、③人道的な国際救援活動、に限定されているが、「極東有事」にも適用されるとする方向もすでに出ている(防衛事務次官発言、『読売新聞』一九九六年四月二六日付)。平時における米軍演習への支援さえ、「米軍が訓練名目で軍事的示威行動を行った場合は、武力による威嚇を禁じた憲法九条に抵触する可能性がある」というのが内閣法制局の解釈である。もし、「極東有事」において直接戦闘加入した米軍艦艇に燃料補給等の後方支援を行えば、それは個別的自衛権に基づく政府解釈では説明がつかないだろう。

「極東有事」は、日本に対する直接の武力攻撃の事態ではないから、自衛隊法七六条による防衛出動下令はできない。したがって、防衛出動下で自衛隊に与えられる諸権限、具体的には、土地等の使用、物資の収用、医療・土木建築工事・輸送関係者に対する業務従事命令(以上一〇三条)といった「防衛負担」の諸形態、火薬類取締法や航空法の適用除外(一〇六、一〇七条)などを発動することもできない。前述した第一分類の研究は、防衛出動下令前の段階でこれらを発動できるように提言していた。一方、地位協定で各種法令の適用除外の「特権」を享受している米軍の場合は、土地使用や物資収用、労務確保等における即時強制力を法的に可能にすることが課題となるだろう。これらは、最終的には、ウォータイム・ホスト・ネーション・サポート(WHNS=戦時受入れ国支援)のための国内法上の整備といえるが、それは集団的自衛権を前提として初めて成立する。その場合、国民の人権制約の問題が生ずることは避けられない(たとえば、医師・看護婦に対する強制的業務従事命令と憲法一八条(意に反する苦役からの自由)との関係等)。そうした方向への「初期微動」が始まっているのである。

「極東有事」対応措置

九六年四月一一日、自民党安保調査会において、外務、運輸、防衛の三省庁による「極東有事への対応について」という報告が行われた(外務省のみ、「いわゆる極東有事事態における対米支援について」というタイトル)。『朝日新聞』四月二〇日付と『毎日新聞』四月二二日付が中身の一部を報道したが、藤島宇内氏も指摘するように、その伝え方は「はなはだ不十分」なものだった(『軍縮問題資料』一九九六年六月号、七八頁)。三つの省庁の報告はいずれも限定的な内容だが、「極東有事」に対する基本的姿勢がよくわかる。ここでは、防衛庁の報告を見ておこう。

報告は、I「極東有事の日米防衛協力について」とII「その他」から成るが、構成がやや不自然である。Iはすぐに2「対米支援措置」から始まり、なぜか1が抜けている。位置と内容から見て、Iの1は、「極東有事における自衛隊の行動」についての記述ではないかと推察される。

まず、Iの2「対米支援措置」は、(1)施設・区域の利用と、(2)米軍に対する後方支援等から成る。(1)は具体的には、米軍による自衛隊基地や民間空港、港湾等の一時的利用である。これは、米軍地位協定二条四項(b)による日米共同使用が根拠とされている。(2)は、①防衛施設庁による補給品・役務等の間接調達、②自衛隊による物品の貸付(洋上給油等)、③米軍兵員、装備品等の自衛隊航空機等による輸送、④遭難した米軍兵員等の捜索・救難、⑤米軍兵員の診療、⑥米軍への情報提供、である。①から⑥の事項について、(一)憲法上禁じられている武力の行使との関係から、米軍の武力行使と一体化するか否かにつき整理が必要なものあり、(二)極東有事における支援業務としては、新たな法的措置について検討を要するものあり、という注意書きがある。後者については、自衛隊法一〇〇条の九を新設して、自衛隊による米軍への物品・役務提供に法的根拠を与えることが検討されている。前者については、たとえば、戦闘加入している米艦艇に対して洋上給油を行うことは「武力行使と一体化」と見ざるをえないから、「一体化」の基準・中身が問われてこよう。

次に、Ⅱ「その他」について。「その他」というのが曲者である。一見するとあまり重要でないもののように見えて、その実、武力行使の可能性を含むハードな内容が含まれている。自衛隊法が、技術的・手続的な規定を置くのが通例の「雑則」に、国民の権利・義務に関わる「防衛負担」の重要な諸規定を配置したのと同じ手法である。

内容的には、⑴邦人等の救出(①政府専用機等による在外邦人等の輸送、②わが国到着後の邦人輸送等の支援)、⑵沿岸警備、重要施設等の警備、テロ対策(①自衛隊情報の関係機関への提供、②防護マスクの貸与等、警察の活動への協力、③警察・海上保安庁が対処できない事態となった場合の治安出動・海上警備行動)、⑶大量難民対策(①関係省庁の実施する大量避難民の移送・収容等への協力、②遭難した避難民の捜索・救難、医療等の人命救助、③避難民の暴力的な不法行為が頻発し海上保安庁が対処できない事態となった場合の海上警備行動)、⑷その他(遺棄機雷の除去・処理)の四つが挙げられている。一つひとつが重要な問題を含むが、ここでは次の三つのケースに限定してコメントしておこう。

空港・港湾等の使用と自治体

空港や港湾の使用については、地位協定二条四項(b)に基づき、日米合同委員会を通じて協定を締結すれば可能とされている。九六年四月一一日の運輸省報告によれば、空港を米軍が使用する場合の調整事項として、騒音に関する住民の同意、減便についての航空会社との調整、自治体管理の空港に関する当該自治体の同意等が挙げられている。港湾については、港湾管理者たる自治体の同意について触れられている。だが、沖縄の基地問題に示されるように、自治体の同意も甘くみてはならないだろう。核積載艦の神戸港入港拒否を決めている神戸市が、市港湾施設条例に基づき、米軍艦艇の入港を拒否した場合はどうか。対米支援を優先する国家の論理と、住民の利益を守る自治体の論理が対立する場面も出てこよう。その場合、憲法の地方自治の原則との関係でさまざまな問題が生じうるし、分権と自治をめざす時代の流れに逆行して、地域と自治体を「有事」色で染めあげていくことになる。さらに、物資の輸送について運輸省は、米軍と民間輸送事業者が任意契約を結んで処理せよという。現在、たとえば広島県の米軍弾薬庫群(米陸軍第八三兵器大隊)からの弾薬輸送は民間業者が行っている。交通量の多い道路を弾薬トラックが頻繁に走る状況は大変危険である。日本各地に、そうした状況が拡大されるおそれがある。

「邦人救出」とその「護衛」

湾岸危機の際の「邦人救出」の議論は、自衛隊機派遣と自衛隊法改正(一〇〇条の八)の問題に収斂されてしまった。今回は、朝鮮半島「有事」がいわれているため、航空機だけでなく、自衛隊の艦船による輸送も検討されている。政府はそのための自衛隊法改正の方針を固めたという(『読売新聞』一九九六年四月二七日付)。だが、艦船を使用する場合、当該地域の付近まで艦船を進出待機させるという予備行動が必要となる。救出活動中の艦船とその周辺海域の安全確保の問題、当該地域から日本までの「護衛」の問題も出てくる。防衛庁の報告も、「護衛」実施の法的根拠の検討の必要性を指摘している。だが、「護衛」という場合、武力行使の可能性も否定できない。自衛隊法八二条(海上における警備行動)を、領海警備行動だけでなく、公海上警備行動をも含むと解し、国際法(特に公海条約)で各国軍艦に認められている権限が当然に行使できるとする見解があるが妥当ではない。憲法九条は、各国が通常「軍艦」を使って行うさまざまな行動や権限(臨検や拿捕《だほ》等)までも禁じているからである。

では、「邦人救出」の真の必要性が出てきた時はどうするのかという疑問もあろう。これには、自衛隊の護衛艦は一切使用せず、海上保安庁の巡視船と民間フェリー等で行うべしと答えておこう。湾岸危機の際の、「迷彩色の軍用機よりも民間機の方が安全」という元日航パイロットの指摘や、白地にブルーのストライプ塗装の海上保安庁の航空機を派遣すべきだとの提案(『世界』一九九三年一二月号)が想起される。そもそも、「邦人」が「外地」から「本国」へ「脱出」するという前提で、そのための手段の議論だけが先行するのはいかがなものか。だからといって、救出対象に外国人を含めればいいという問題でもない。国際化がいわれるなか、海外にいる日本人の安全確保の問題は、「自国(民)のことのみに専念」することなく、かつ軍事的手段に固執することなく、もっと総合的に考えられるべきだろう。

大量難民対策と武力行使

昨今の議論のなかには、食糧危機に苦しむ北朝鮮が今にも崩壊し、海をわたって難民が押し寄せてくるということを前提にしたものがある。防衛庁報告もそうした認識に立っているように思われる。報告には、「避難民」の暴力的不法行為に、自衛隊法八二条(前記)で対処するとある。しかし、百歩譲って、大量の「難民」が日本に押し寄せてくると仮定しても、それへの対処は、海上における警察活動の範疇に属する事柄である。運輸省報告には、「具体的情勢に応じて、問題となる海域において海上保安庁の巡視船艇、航空機を増強配備する等により適切に対処」とある。海上犯罪取締りや「臨検」の体験のない自衛隊よりも、海上警察のプロにまかせるべきではないだろうか。

むしろ、紛争の種をもつ国々に対しては、それこそ「大砲よりバター」(弾より団子)、あるいは「北風と太陽」の寓話ではないが、非軍事の領域における多様な方法こそ駆使されるべきであろう。ところが、防衛庁報告になると、重要施設等(米軍基地?)の警備やテロ対策のために、自衛隊の治安出動も検討されている。押し寄せてくる「難民」と同じ国籍で日本国内にいる「不穏分子」という想定が見えてくる。

誤れる「普通の国」への道

「極東有事」や有事法制をめぐる動きのなかから見えてくることは、「共通の価値観」をもつ大国が、その国益を共同して追求するという「大国エゴイズム」である。「NATO域外派兵」の一線を越えたドイツでも、「軍事的手段による外交政策の継続」(S・ブルンナー)、すなわち、軍事的オプション(選択)を政治的に媒介していく傾向が生まれているという。この傾向は、「誤れる普通の国への道」(P・グローツ)、あるいは「外交政策の軍事化」(W・ヴェッテ)として批判され、「現代軍事介入主義」として特徴づけられている。その特質は、①全周警戒主義(不確実性の排除)、②国際責任と国益とを権力政治的・軍事政策的に定義する、③政治の手段としての戦争の再正当化、④世界強国(大国)の役割を追求することとの再承認、である(拙著『現代軍事法制の研究——脱軍事化への道程』日本評論社、四五五頁)。日本もまた、アメリカと共同して、地域紛争に対し「力の政策」をとる国になるのか。そうした方向は、日本国憲法の平和主義だけでなく、国際協調主義との関係でも疑問であろう。

厳格な平和主義条項をもつ日本国憲法は、有事法制を含む軍事・非常事態法制の存在それ自体を規範的に遮断・否定している。「極東有事」で検討されている内容は、武力行使と一体化ないし密接不可分かどうかを問わず、米軍の戦力構成に不可欠な兵站部門を担うというだけで違憲であり、許されない。さらに、集団的自衛権行使を合憲とする解釈変更を行うならば、それは、「自衛のための必要最小限度」という「イチジクの葉」を捨てることを意味し、それは「自衛のための必要最小限の実力」たる「自衛隊」の存立根拠の説明にも連動しうる性格のものであることを指摘しておきたい。

では、近い将来、国民の人権や周辺諸国との関係で、日本が何らかの協力を行う必要がある事態が起きた場合、どうするかである。

端的に言えば、憲法九条は、一切の軍事的カードを対外政策において使う選択肢をすべて放棄し、軍事力に代わる、またそれを背後にもたない、多様で理性的な努力を義務づけたのである。注目すべきは、憲法前文第二段の、「平和を愛する諸国民の公正と信義に信頼して、われらの安全と生存を保持しようと決意した」という文言である。諸国家ではなく、「諸国民」(peoples)となっている点が重要である。将来的にも、強権的に出てくる国家が存在することは否定できないが、どの国にも「平和を愛する諸国民」はいる。そうした平和的世論に依拠し、かつ、強権的に出てくる当該国の内部の平和的世論と連帯するという視点が、平和保障にとって決定的に重要なのである。かかる平和的世論の世界的ネットワークの形成こそ、実は日本国憲法が想定・期待する平和保障のあり方といえるのではないか。そして何よりも「何かがあったとき」にお互いに助け合える関係をどうつくるか。その場合、「邦人救出」問題をことさらに強調したり、アメリカという大国との関係だけ、しかもその軍事的同盟関係のみを押し出すことは、決してプラスにならないだろう。アメリカとの関係も、「安保再定義」による軍事的側面の拡大ではなく、むしろ軍事面を次第に希釈化させていき、経済・文化等を中心とした、平和で友好的な「普通の関係」にしていくことこそ重要だろう。

日本国民にとっての有事とは、「安全保障」政策を含む基本政策の大転換が、国民に意思表示の機会（選挙）を与えることもなければ、「目的」と「手段」との間の関連性や、他にとりうる選択肢についての冷静な論議もないままに行われるという、この国の民主主義のありようそのものなのかもしれない。

（『世界』一九九六年七月号）

3　「極東有事」研究――危機あおるのは危険

日米安保「再定義」以来、日本周辺で緊急事態が発生した場合などを想定した極東有事論議がにわかに高まっている。日米両国による「防衛協力のための指針（ガイドライン）」の見直し作業も始まった。今なぜ極東有事研究なのか（聞き手・構成＝『毎日新聞』論説委員・仮野忠男）。

1　極東有事研究というが、有事という強迫観念に追いまくられているとしか見えない。
2　やり方次第では「専守防衛」や「自衛のための必要最小限の実力」という建前を超えてしまう。
3　日本にとって最も必要なことは有事を起こさないよう仲裁、交渉、話し合いの道を追求することだ。

「有事研究」という時、誰にとって、どのような有事が想定されるのか、そうした中身を吟味しないまま、ひたすら危機をあおるのは危険だ。

今の極東有事問題には、ムード先行というか「有事オブセッション(強迫観念)」に追いまくられている面がある。あたかも北朝鮮が南進したり、崩壊したりして、今にも大量の難民が日本に来そうだとか、ほとんど検証なしに論議することによって、ただちに軍事的対応を、というところに話をもっていっている。

中国や台湾、朝鮮問題の専門家は、中国が台湾に上陸作戦などの軍事介入をすることはないし、朝鮮半島でも北朝鮮がすぐに韓国に侵攻することはないと言っているというのに、である。

イラクのクウェート侵攻の時、「日本も自衛隊の派遣を含め何かしないと国際社会から取り残される」といった〝国際貢献オブセッション〟が政府内に広がった。今回も、それと同じだ。

こうして見ると、かつての東京発のソ連脅威論と同じように、切迫感をあおりながら極東有事対応という枠組づくりが行われようとしている。

その手始めとして邦人救出問題が議論されているが、邦人保護を「ダシ」にして対米軍事協力の仕組みにつなげようとしているのではないかと思えてならない。かつて上海事変の際、「邦人に危機があるから」と海軍陸戦隊を派遣したように、邦人保護を口実にしていると言えなくもない。

これまで日本という国が、本気で個人の保護を考えたことがあるだろうか。阪神・淡路大震災では被災者への個人補償はしないなど冷たい対応しかとらなかったし、数十万人の在外邦人への投票権付与もいまだに実現していないではないか。

在外邦人については、避難勧告から始めて順次、避難させればいいのであって、最初から自衛隊を送り込んで救出するという派手なところを前面に出しているのが今の姿だ。

邦人保護のために自衛隊機だけでは不足だから、艦船を派遣すべきだとの議論もある。その場合、安全確保のためにその地域を制海する必要が出てくる。そうした事態になれば、戦後の歴代政権が長らく維持してきた「専守防衛」という建前さえ捨てることになる。

沿岸警備・テロ対策に関して言えば、本来、沿岸警備は海上保安庁や都道府県警察の仕事だ。にもかかわらず、治安出動的な目的のために自衛隊を使うということは、要するに沿岸にある米軍基地や原子力発電所を守るということだろう。

対米軍事協力について言えば、何か事が起きた時、米軍が必要とする施設を日本全土に確保しようというものだ。つまり民間空港など「欲しい所に欲しいものを提供しなさい」というものだろう。

そこに日米物品役務相互提供協定(ACSA)が締結された。ACSAは、今は平時の共同訓練や国連のPKOなどに適用すると言っているが、最終的には有事の際に、米第七艦隊や第三海兵遠征軍の維持費や作戦経費を日本側が負担する、というものだろう。

こうなると、集団的自衛権の行使に踏み込む、踏み込まない以前の話になってしまう。


これまで政府は「集団的自衛権の行使には踏み込まない」と言ってきた。もし踏み込めば、自衛のための必要最小限の武力行使を超えるからだ。しかし今、集団的自衛権の行使に踏み込んでいいという解釈をしてしまえば、それにとどまらず次には「所要防衛力構想」が再び頭をもたげかねない。

同構想は「その時の国際情勢が必要とする防衛力を整備する」という考え方だが、これに沿えば、極端に言って「周りに核保有国が増えたから」という理由をつけて、日本も核武装すべきだという論議に走っていきかねない。

今、最も必要なことは、有事を起こさないために何をすべきかということだ。そのためには第一に、日本は仲裁、交渉、話し合いによるトラブル解決の道を追求すべきだ。今のように、過度に米国の軍事力に依存・協力し、自らも軍事介入主義的な手法を取ろうとすれば、そうした道さえ閉ざしてしまいかねない。

また、憲法前文に言う「平和を愛する諸国民」との連帯を深め、不公正や貧困など平和のための阻害要因を根幹から治療していくのに協力していくことが何より大事だ。それを日本がやれば、アジア諸国の日本に対する理解は大きく変わってくると思う。

（『毎日新聞』一九九六年六月一六日付）

4　沖縄「代理署名」拒否の論理

私はかつて札幌近郊の広島町（現在、北広島市）に六年住み、また広島県東広島市に六年住んだ。偶然だが、ともに自衛隊演習場が近くにある。北海道大演習場での重砲の射撃演習で、書斎の窓がビリビリ震えるなか原稿を書いたこともあった。東広島市の原演習場は、迫撃砲の乾いた音が時折聞こえる程度である。

「日常生活のなかに砲撃音のある風景」を一二年見つづけてきた私でも、一九九三年、沖縄の

「県道一〇四号線越え砲撃演習」を間近に見たときは驚いた。自衛隊にはかろうじてあった「抑制」が、米軍には全くない。一五五ミリ榴弾砲を「心おきなく」撃ちまくっている。

手前の森から白煙があがると、ややあって金武岳中腹に赤茶けた煙。ズズーンという砲撃音が続く。「砲弾が山に突き刺さったぁ」。双眼鏡を覗いていた女子学生が叫ぶ。「山が血を流して泣いているのです」。その日午前中に会った山内徳信・読谷《よみたん》村長の言葉が頭をよぎった。村長室の壁には、直筆の掛軸が二本かかっていた。一方には日本国憲法九条、もう一方には九九条(憲法尊重擁護義務)の条文。「平和のためのスリー・ナイン(999)」である。「平和を守るためには、行政は住民と一体となって、憲法を守らなければならない」。村長の言葉は確信に満ちていた。

いま、その憲法の地方自治理念が大きく問われている。

一九九五年秋、沖縄県知事は、米軍用地強制使用手続において機関委任事務とされる「代理署名」を拒否した。その影響は限りなく大きい。これを、この国の政治・行政システムを揺り動かす「最初の一突き」とするための条件は何だろうか。

機関委任事務には、「代理署名」のような国の下請け的事務もあるが、本来自治体の事務とすべきものを国が吸い上げ、それを国の指揮監督のもとで自治体に執行させるものもある。中央集権的性格が濃厚で、廃止や大幅縮小を説く声も強い。機関委任事務の執行を知事が拒否した場合、主務大臣は高等裁判所の判断を得てそれを執行させることができる(地方自治法一五一条の二)。このタイプの訴訟は、一九五八年、東京・立川基地拡張をめぐって一件あったが、今回のように、内閣総理大臣が知事を相手どって起こしたのは初めてだ。ただ、機関委任事務の執行について、主務大臣と知事との関係は、上級庁と下級庁という単純な関係にはない点に注意すべきである。地方自治法は、主務大臣と知事の間に意見の相違が生まれる場合を想定し、裁判所の実質審理を「クッション」として置いている。裁判所は、知事が「代理署名」を拒否したことが「著しく公益を害することが明らか」か否かを慎重に審査すべきである。これが第一の条件である。

1997年3月，米軍基地内に造られた読谷村役場.
石門は「自治の郷」「平和の郷」(著者撮影)

沖縄県民の圧倒的多数が望まない「公益」とは何か。そもそも安保条約に基づく基地提供が「公益」といえるのか。このことを、憲法の観点から根本的に問うこと、これが第二の条件である。「何をいまさら」との声もあろうが、一九五九年の砂川訴訟で東京地裁が、安保条約に基づく米軍駐留は憲法に違反すると明快に判断したことが想起されるべきである。国が大慌てで求めた最高裁判決も、安保条約に対して正面から直接合憲と判断することはできなかった。安保条約とそれに基づく米軍基地提供に関して、憲法上の疑義はなお払拭されていないのである。「公益」性については、憲法的価値(平和、人権、地方自治等)を踏まえて判断すべきであろう。

いま、国(中央政府)の専権事項とされてきた外交や平和・安全保障の分野でも、地方自治体の活動の可能性が高まっている。憲法学説上も、「自治体外交権」説が主張されはじめている。非核自治体の運動もさることながら、国際司法裁判所(ＩＣＪ)での広島・長崎両市長の証言は、実質上、自治体の「平和外交」として世界にアピールしたといえよう。沖縄県もいま、国の安全保障政策に対して重要な問題提起をしているのである。「地方自治の本旨」(憲法九二条)を創造的に発展させるため、「平和における地方の時代」を高らかに唱えること。これを第三の条件と考えたい。

ここ数年来、旧東ドイツでも同様の動きがある。ナチス・ドイツ軍に続き、旧ソ連軍が半世紀近く使用した軍事演習場を、今度はドイツ連邦軍が使用するというので住民は怒った。「軍事演習場に未来はない」というスローガンのもと、住民は民間への転用を求めて運動を展開。州政府も住民の側に立って連邦政府と対立している(ザクセン・アンハルト州等)。その際、平和・環境保護・雇用創出の三つが運動の柱となっている。冷戦が終わり、軍事演習場の価値はいっそう失われた。しかも、演習場は環境破壊の根源である(騒音、汚泥の流出等)。さらに、民間転用されれば、自然公園ができ、市民の憩いの施設ができて、雇用も生まれる。平和は、環境と雇用とも結びつくという論理である。

沖縄も、二一世紀に向けて、「基地のない、平和で豊かな島」をめざしている。「軍事基地に未来はない」のである。

（『東京新聞』一九九五年一二月二八日付夕刊）

5　安全保障問題と地方自治体——沖縄代理署名訴訟最高裁判決によせて

I

一九四五年八月二八日。「進駐軍」の先遣隊第一陣が神奈川県厚木基地に到着し、日本本土の占領が始まった。あれから五一年目のその日。沖縄代理署名訴訟の最高裁判決が出された。判決は「駐留軍」という略語を使っていたが、「進駐軍」という文字が浮かんできそうな内容である。こと基地や平和主義に関する限り、裁判所の思考はピタッと停止する。「思考の占領状態」とでもいえようか。

判決は、「すべて不適切で不合理であることが明白であって」とか、わざわざ否定の結論を導きやすい環境設定をして論を進めている。「独立してその職権を行」う（憲法七六条）以上、判断の幅はいろいろとありえたはずである。特措法の法令違憲とまではいわないにしても、過度な基地の集中等の事情を総合的に考慮して、適用違憲をいうことも可能だった。最高裁は、土地の使用認定の効力を審査対象にならないとした高裁判決の論理こそ是正したものの、具体的判断の場面では、行政府の「専門技術的判断」の前に思考停止してしまった。

裁判所は「法律オタク」ではない。国家の義務履行と住民の具体的権利主張が衝突したとき、裁判所はそれを「独立して」判断できる。沖縄が提起している問題の中身にもっと目を向けるべきだった。大法廷に回付してわずか四カ月。行政府の「政策的・技術的裁量」の尊重をここまで徹底すれば、裁判所はいらない。

基地の過度の集中などの事情を「重大かつ明白な瑕疵《かし》」と認めないのは、裁判所の審査に適しない性質の問題が含まれているからという(園部裁判官)。国際的合意や行政的措置もなく、基地の存在を法的に覆滅する結果をもたらすから、ともいう(六名の補足意見)。園部裁判官の、行政法学者の講義口調の補足意見や、六名の裁判官の妙にくわしい「沖縄の現状」への言及も、説得力に乏しい。「専門技術的判断」といえば、裁判所が判断できる範囲は極めて狭められる。一般に、事件の性質によっては、土木工学や医学の問題にまで踏み込まざるをえない。ことが外交・安全保障に関わるからといって、それだけでただちに「裁判所の審査になじまない性質の問題」というわけではないのである。

「冷戦真っ盛り」の時代に締結された条約・協定類を、自明の前提のようにすることにも無理がある。「公益」の判定にあたっては、憲法の価値原理がその基礎に置かれるべきであった。

判決の翌日、インターネットで世界のメディアの反応を覗いてみた。とくに『ワシントン・ポスト』(特電)とロイター通信は、判決内容だけでなく、補足意見も紹介するくわしさだ。「裁判長、あなたは人間ですか！」。一人のウチナーンチュ(Okinawan)の法廷での叫びまで出てくる。東京の各紙が、この「怒号」だけは一致して落としていたのに。

このように世界でも注目されたのは、ことが米軍基地の問題だからということだけではあるまい。連邦制をとる国の人々から見れば、日本の「中央政府」の威張り方と、地方の卑屈さは異様に映る。その日本で、「中央政府」を相手に「地方政府」がここまで抵抗している。そのことも、関心をよぶ一因だろう。

ところで、外交・安保問題というのは、中央政府、しかも内閣の専管事項とされてきた。内閣は憲法上、外交処理権(七三条二号)と条約締結権(同三号)を与えられている。だが、これは、一国の多様な対外的諸関係を、中央政府がすべて独占することを必ずしも意味しない。まず、中央政府による「国家安全保障」が、何ものに対しても優先する「公益」であるとする考え方は、日本国憲法の原理に反する。それに憲法は、平和や人権と同時に、地方自治を憲法原則としている(九二条)。しかも、中央政府だけでなく、地方自治体も外交権を「分有」するという注目すべき学説もある。それによれば、一義的明確に禁止された事項を除き、自治体は中央政府の外交活動

沖縄県の全国キャンペーン
(1996年2月)

全般に「重複して」関与できるというのである（大津浩「自治体の国際活動と外交権」『公法研究』五五号など）。

沖縄県は、二一世紀に向けて基地を縮小していく「アクションプログラム」を作成した。中央政府の「政策的・技術的裁量」のレヴェルがどの程度のものかを、沖縄は過去の体験から知り抜いている。沖縄が、その地の利を活かして、アジア諸国との交流の拠点になり、この地域の「平和」の創造に寄与していく。そのためには、外国の軍事基地はいらない。これこそ、憲法の平和主義と地方自治原理の創造的結合であろう。来週に迫った県民投票の意味は限りなく大きい〔九六年九月八日、基地縮小などを問う沖縄県の住民投票が実施された〕。

なお、県民投票条例三条は、投票結果を、アメリカ合衆国政府に速やかに通知すると定めている。さりげない手続規定にも、したたかな沖縄の姿勢が見てとれる。県民の意思が、具体的数字（投票率）という「目に見える形」になれば、アメリカの政府だけでなく、心ある市民にも強いインパクトを与えることだろう。それは、問題解決に向けた、具体的な動きに連動していく。県民投票はその「最初の一突き」となるに違いない〔投票率五九・三％、基地縮小賛成八九・〇八％という結果だった〕。

（Ⅰは未発表、Ⅱは『琉球新報』一九九六年九月二日付掲載）

6　沖縄が問う、この国の平和のありよう

三つの緯度

北緯一七度、二七度、三八度。この三つの緯度で何かをイメージできる人は、必ずしも多くはないだろう。キーワードは「分断」である。

北緯一七度線は、一九七五年まで南北ベトナムを分けていた国境線。三八度線は南北朝鮮を今も引き裂いている。そして、二七度線。今週の月曜、四月二八日は、対日平和条約が発効した日である。四五年前の同じ月曜日に、沖縄は日本本土から分断された。同条約三条はいう。「日本国は、北緯二十九度以南の南西諸島……を合衆国を唯一の施政権者とする信託統治制度の下におくこととする国際連合に対する合衆国のいかなる提案にも同意する。このような提案が行われ且つ可決されるまで、合衆国は、領水を含むこれらの諸島の領域及び住民に対して、行政、立法及び司法上の権力の全部及び一部を行使する権利を有するものとする」。

一九五三年のクリスマスに奄美群島が返還されて以降は、北緯二七度線が沖縄と本土を分かつ境界線となった。沖縄と本土間の行き来にはパスポートが必要だったのである。

「放置国家」の歴史

歴史上、日本国家は、沖縄に対して一貫して「放置国家」でありつづけた。明治政府による「琉球処分」、大本営の沖縄「捨て石」作戦、そして対日平和条約三条。一九七二年の沖縄返還(「祖国復帰」)もまた、「核と基地」の現状を放置したという点では同様だろう。ところで、米国の沖縄支配のキーワードは「暫定性」である。いくら戦勝国だからといって、特定国の領土を長期にわたり支配することは許されない。では、信託統治制度ならいいのか。この制度は、沖縄のような日本の固有の領土の一部への適用を予定していない。国連憲章の主権平等の原則(二条一項)や人民自決権(一条二項)にも反する。憲章七八条はこの制度の加盟国への適用を禁じている(日本は一九五六年に国連に加盟)。結局、平和条約三条前段に基づく「提案」は一度もなされなかった。沖縄に対する支配は二〇年の長期にわたり、三条後段による施政権の暫定的行使として行われたのである。

では、沖縄が米国の施政権下にあったとき、日本国憲法とはどのような関係にあったのだろうか。学説上、適用があるとする説(適用説)と適用がないとする説(不適用説)とに分かれた。憲法は国内の最高法だから、憲法が適用されるのは当該国の主権の及ぶ範囲ということになる。したがって、適用の可否をめぐる問題は、結局のところ、沖縄が日本の主権の外にあるのか否かという問題と密接に関わってくる。有力な見解として、「残存(潜在)主権」説があった。日本は、領土の最終処分権および(または)対人主権(領土内の人に対する統治権)を限定的ながら保持している、とするものだった。この概念は、講和会議でダレス国務長官(当時)が最初に用いたとされる。沖縄に対して施政権を行使する国際法上の合理的根拠を欠いていたため、窮余の一策としてひねり出されたロジックだった。実際には、日本の国家主権は沖縄には及ばず、したがって日本国憲法の適用もないに等しかった。もっとも、日本政府は復帰までの二〇年間、ダレス発案になる「残存主権」に基づいて米国に主張できる最低限のことすらも怠り、「放置国家」としての姿勢を変えなかった。とりわけ米軍用地をめぐる問題ではそれが際立っていた。

特措法改正と「法恥国家」

復帰後、米軍が強制的に接収した土地を継続使用すべく、さまざまな暫定法律が「逐次投入」されていく。まず、一九七二年の復帰と同時に施行された「公用地暫定使用法」(五年の時限立法)。次いで七七年「地籍明確化法」。八二年からは、本土で二〇年も眠っていた「米軍用地特別措置法」(以下、特措法という)が適用された。基地の維持という結論がまず先にあって、法的根拠がそれに合わせて創作されていったのである。この延長線上に、特措法改正がある。

審議も不十分なまま、四分の三を超える圧倒的多数により可決された。改正のポイントは、使用期限が切れても、収用委員会が審理中の土地については、暫定使用することができることだ。「独立してその職権を行」う準司法的機関である収用委員会が、土地の使用裁決を行うことによって、国に使用権原が与えられる。これが現行のシステムだが、これを変更して、収用委員会の審理・判断を経由しなくとも、国に使用権原が与えられる場合を新たに創出したわけである。「暫定性」という手法は、ここにも貫かれている。

暫定措置の頻用は、立法の作法として望ましいことではない。だが、こと沖縄に関しては、「暫定性」が原則化しているかのようである。沖縄県民にとって、この五〇年は、平和条約三条を含め、さまざまな形の「暫定性」の連続だった。今回の特措法改正は、沖縄の人々にとって、この国が「放置国家」であるばかりでなく、自分に有利とみれば「ゲームの途中でもルールを変更」してはばからない「法恥国家」であると映ったに違いない。

法案が成立した直後、大田昌秀・沖縄県知事はこう述べた。「沖縄の問題がまだ日本の国会議員に自らの問題として把握されていない。多数決で物事が決定される民主主義で沖縄が常に犠牲になる」(『琉球新報』一九九七年四月一八日付)。この言葉は議員だけに向けられたものではないだろう。

憲法五〇年と沖縄

憲法九条による本土の完全非軍事化は、沖縄の完全基地化なくしてはありえなかった(古関彰一)。この視点に立てば、憲法施行五〇年は、沖縄の軍事基地化五〇年と分かちがたく結びついている。憲法の条文の不備をあれこれ指摘する前に、その理念が実現されていない「状況」を具体的に問うていくことこそ肝要であろう。

(『朝日新聞』一九九七年五月一日付夕刊)

7　「四分の一返還」の意味――旧東ドイツ演習場の民間転用問題と沖縄

一九九三年五月三日付『琉球新報』に、「旧東独の軍用地転用問題」を執筆した(拙著『ベルリン・ヒロシマ通り――平和憲法を考える旅』中国新聞社、に収録)。ドイツ統一後、連邦政府は、旧東ドイツ地域にある旧ソ連軍演習場を連邦軍の演習場として継続使用することを決定。これに対して、各地で反対運動が起こった。とくにブランデンブルク州のヴィットシュトック演習場(ベルリン近郊)とザクセン・アンハルト州コルヴィッツ・レッツリンガー原野の演習場が焦点となった。連邦政府と地元の自治体・住民との対立は七年間続き、行政裁判所で訴訟中のものもある。そんななか、今年四月、コルヴィッツ演習場問題が一つの「解決」をみた。それを紹介しながら、沖縄の基地問題との関わりを考えてみよう。

四分の一が民間転用へ

ザクセン・アンハルト州は一九九四年以来、社民党と同盟90・緑の党との連立政権である。発足時の連立合意では、二万四〇〇〇ヘクタールすべての非軍事化(完全な民間転用)がうたわれた。だが、この間、社民党は、連邦政府との妥協の方向へ急速に傾く。四月末、州政府は、軍事利用を認める方向で連邦政府と合意するに至った。合意内容の第一は、原野の四分の三を連邦軍が演習場として使用し、四分の一を地元に返還する(環境整備費は連邦政府が負担)。第二に、演習場部分でも、水源地周辺での砲撃演習は禁止・制限される。第三に、演習場の業務につき、四〇〇人の地元雇用を行うこと、である。「四分の一」方針には、同盟90・緑の党が反発。連立政権は、来年四月の州議会選挙を前に揺れている。

平和・環境・雇用

一九九一年以来、演習場の民間転用運動のスローガンは、「平和・環境保護・雇用創出」。平和という点では、ソ連の脅威がなくなった以上、軍事演習場はいらないという論理のほかに、「防衛」のためでなく、世界のどこへでも派兵する「緊急展開部隊」の訓練場として使用するのには反対、という新たな論点が加わった。環境保護の点では、演習による飲料水汚染が最も危惧されている。そして雇用。自然公園などに転換して、ホテルや保養地における新たな雇用創出が期待された。現在、ドイツの失業率は過去最高の一二・二％(九七年一月)。ザクセン・アンハルト州は二一・一％に達する。そんな地域での四〇〇人の雇用は大きい。地元・社民党は、妥協の理由に「雇用」を挙げた。ちなみに、ベルリン近郊のヴィットシュトック演習場問題でも、連邦軍は、七〇〇人の新たな雇用を周辺自治体に提示している(ここの失業率は二三％)。五人に一人が失業者というなかで、「明日の平和や環境より、今日のメシ(雇用)だ」という気持ちが生まれるのも無理はない。そこを政府はうまく突いた。だが、コルヴィッツ・レッツリンガー原野の全面返還を求める運動は健在である。四分の一は完全に軍事演習場ではなくなる。水源確保のための砲撃禁止・制限区域を含めれば、三分の一に近づく。その意味では、「わずか四分の一」ではなく、「とりあえず四分の一」と見て、残りの返還をめざして粘り強い運動を展開していくという。

「法恥国家」日本?

沖縄の基地問題も同様の困難を抱えている。沖縄の場合は、外国の軍事基地であるという点で、中央対地方という構図だけではすまない。しかも、この国の政府のやり方は、その傲慢さにおいて特筆すべきものがある。九七年四月一七日、米軍用地特措法の改正法が成立した。「誤った法律を改正する法律くらい誤ったものはない」。パスカル『パンセ』の一節は、いま実にリアルに響く。改正の動機が不純なら、手続も強引。たいした審議もなく、日米首脳会談の手土産のために、駆け込み的に成立させるという手法の傲慢さも並みではない。そもそも沖縄は、この国の中央政府から何度も捨てられてきた。「琉球処分」、沖縄戦での大本営の作戦指導、対日講和条約三条、七二年核付き返還……。一貫してこの国は、沖縄に対して「放置国家」であり続けた。暫定法律をさまざまに駆使して、米軍による土地強奪を合法化してきた。八〇年代になると、ほこりをかぶっていた米軍用地特措法をひっぱり出してきて適用。そして今回、収用委員会が審理中の土地については、裁決までの間暫定使用できるという形で、土地の強制使用の根幹に関わるルール変更まで行った。かつてG・ラートブルフという法哲学者は、人間の尊厳などの根本原理を侵害する法律は、議会の正式手続を踏んで成立しても「法」ではないとして、これを「法律的不法」と呼んだ。特措法改正は、「法律的不法」に限りなく近い。この国は、ついに「法恥国家」となったのか。政府の憲法感覚の欠如は著しい。

「普段の努力」の大切さ

旧東ドイツ地域での「とりあえず四分の一返還」という最近の出来事を見るにつけ、「平和・環境・雇用」、そして「自治の実現」という目標に向けて、粘り強く努力していくことの大切さを思う。日本国憲法一二条は、国民に、「自由」や「権利」を保持していく「不断の努力」を求めているが、それは「普段の努力」の積み重ねにほかならない。

(『琉球新報』一九九七年五月三日付)

第五章　「普通の国」と改憲論の周辺

1　「普通の国」とは何か――日本とドイツ

一　それぞれの「普通の国」

小沢一郎氏が「普通の国」ということを打ち出したのは、一九九一年の湾岸戦争直後だった。その著『日本改造計画』(講談社、一九九三年)。「各方面の専門家の方々」の二年間にわたる協力でできたという著書のなかで、小沢氏は「普通の国」の二つの要件について語る。その一は、「国際社会において当然とされていることを、当然のこととして自らの責任で行うことである。当たり前のことを当たり前と考え、当たり前に行う」。もう一つは、「豊かで安定した国民生活を築こうと努力している国々に対し、また、地球環境保護のような人類共通の課題について、自ら最大限の協力をすることである」。こうして、「日本は、国内の経済的発展と財の配分しか考えてこなかった「片肺国家」から、国際社会で通用する一人前の「普通の国」に脱皮することができる」。

アメリカでも、日本とは違った意味で「普通の国」が語られることがある。J・カークパトリック元国連大使はいう。「我々は超大国ではなく、大国であることを知る必要があろう。我々は心理的にも経済的にも普通の国の地位に戻る用意をすべきだ」(*Foreign Affairs—America and the World 1989/90*, Vol. 69, No. 1, p. 16)。アメリカは世界で必要以上に役割や負担を多くする必要はない、ということである。これが、同盟各国、とりわけ日本への役割分担増の要求につながっていく。

一方、日本と同じ敗戦国のドイツでは、別の脈絡で「普通の国」が語られる。すなわち、統一により「ドイツは初めて、ごく普通の国になるチャンスを得た。つまり、「国内の国境」なしに、他の国家制度をもった国籍の分割なしに、「民族の統一」の宣誓の強制と、ドイツの分裂を導き、かつそれを長期にわたり存続させてきた特別な政治的配置への配慮なしに」(H. Boldt, *ZRP* 6/1992, S. 218)。

だが、テオ・ゾンマーはこう述べる。いま、我々は「普通」であり、特別な役割を果たしてはならない、といわれる。普通の国というが、これは何か。ここでは二つのことをいうべきだろう。一つは、より多くの責任が、世界的規模の軍事的活動に帰着してはならないということ。我々が責任の意味を実証しうる活動の場はもっとほかにあるからだ。もう一つは、「普通であること」の標準というものは存在しないこと。いかなる国も、その国民的歴史の横糸と縦糸の模様のなかで織りなされた固有の「普通であること」をもっている、と。そして、ゾンマーによれば、アメリカ的な「普通のこと」に属するものは、西半球における覇権の伝統、最後まで残った超大国の指導的地位の要求(あるいは負担)、介入傾向を抑制させるベトナム症候群である。フランス的、あるいはイギリス的な「普通のこと」とは、その植民地帝国の遺物、海外駐屯地である(*Die Zeit*, Nr. 26 vom 24. 6. 1994, S. 4)。

だが、ドイツも日本も、ともに「普通の国」の方向をめざして「着実な歩み」を続けている。

二 「普通の国」をめざすドイツ——最近の二つの出来事から

I 一九九七年三月一四日。混乱の続くアルバニアの首都ティラナから、ドイツ連邦軍部隊が、二三カ国一一六名(ドイツ人は二一名、日本人一一名)を救出した。この救出作戦には、フリゲート艦ニーダーザクセン、輸送機三機、輸送ヘリ五機、兵士三三〇名が参加した。銃撃戦で実弾(約二五〇発)も発射された。ドイツ連邦軍は設立後初めて、紛争地域で戦闘行為を行ったのである。

この部隊は、ボスニア安定化部隊(SFOR)に参加するドイツ連邦軍の一部で、連邦政府が独自判断でその出動を決定した。連邦議会の事後承認を前提に、議会各会派の了承を得た上での出動だった(連邦議会は三月二〇日に圧倒的多数でこれを承認した)。

ある保守系紙は、「ティラナのドイツ英雄」という見出しで小躍りして紹介。「国防相の最も偉大な平和活動」を讃え、その勢いで、「連邦軍は、今や、他のNATO諸国軍隊と同じように、あらゆる任務と義務を実施できる普通の軍隊である」とほめちぎった(*Bild am Sonntag* vom 16. 3. 1997, S. 1)。

ケルン＝ボン空港に帰還した救出部隊を、キンケル外相とリューエ国防相の両閣僚が出迎えるという異例のパフォーマンスが展開された。ヘルツォーク大統領とコール首相も、「我々は、君たちを誇りに思う」という内容の談話を出した(http://www.germany-live.de より)。ドイツ政府はこれで国際的信用を獲得し、国連常任理事国入りのパスポートを得たというわけだろう。

II だが、いい気分は続かなかった。救出活動成功から三日後の三月一七日。ビーレフェルト市(中部ドイツ)の東南東三〇キロにあるデトモルトという町で、一つの事件が起こった。

夜九時三〇分頃。野球バットとオートバイ・ヘルメット、ナイフで武装し、一部制服を着用した連邦軍兵士(少なくとも九人)が、「外国人野郎はドイツから失せろ(Kanaken raus aus Deutschland)」という侮蔑的言葉を吐きながら、歩行者専用道路で一人のイタリア人を、中央広場で二人のトルコ人を襲撃したのである。殴る蹴るの暴行を働き、ナイフで脅迫も行った。九人はただちに警察に逮捕された。襲撃には一五人程度が加わったと見られている。逮捕された九人のうち六人は、旧東ドイツ地域から徴兵された兵士だった。しかも、ボスニア安定化部隊(SFOR)への出動命令を受けていた。警察の家宅捜索により、六人の部屋から、活動を禁止されている国民戦線（NF）とドイツ民族同盟（DVU）という極右組織の文書類が発見され、うち一人はDVUとの組織的関係も明らかとなった（*die tageszeitung* vom 21. 3. 1997, S. 2)。

徴兵拒否者団体の代表は、「従来も、勤務中、また勤務外に、個々の兵士が外国人襲撃を行った事例はあるが、今回のように公然と突撃隊を組んで襲ったのは初めてであり、新しい質の問題である」と指摘している（*die taz.* vom 19. 3. 1997, S. 5)。「連邦軍内部の雰囲気が変わってきており、それは、連邦軍が世界的規模で作戦を展開する介入軍へと改編されつつあることと関連がある」ともいう。外国への軍事出動が「普通のこと」になればなるほど、より多くの兵士が必要となり、採用の際の各種審査も甘くなる。その結果、極右的傾向が軍隊内に侵入することは避けられないという見方もある（*die taz.* vom 19. 3. 1997, S. 10)。

Ⅲ この二つの出来事をどう見たらよいか。

日本でも「普通の国」ということがいわれるようになって久しい。「国際社会の要請」があれば、ためらうことなく自衛隊を海外に出動させる。国際法上、各国軍隊に認められている権限（武力行使を含む）は「普通に」行使する。「普通の国」とは、憲法の平和主義に反する状態が完全に実現した状態を指す。ドイツでも、「普通の国」という物言いは、ほぼ同時期に生まれてい

ドイツ軍派兵を皮肉った漫画．憲法を乗り越えるのに苦労している(*Friedens-Forum* 4/1994より)

る。同じ敗戦国として出発し、再軍備過程でもさまざまな障壁・制約を課せられてきたドイツ。連邦軍は自衛隊と違い、軍隊としての完成度ははるかに上だが、周辺諸国への配慮から、対外的権限行使の場面でさまざまな制約が課せられてきた。この制約を外して、他のNATO諸国と同等になること。これが保守政治家や軍首脳の悲願だった。

ドイツの場合、「冷戦の終結」と統一という劇的な変化のなかで、ヨーロッパ正面に巨大な軍事力を配備する根拠が問われてきた。ドイツ連邦軍は、統一当時いた四九万五〇〇〇人に旧東ドイツ国家人民軍(NVA)の一七万三〇〇〇人を加え、一時、ドイツには六六万八〇〇〇の軍隊が存在した。しかし、その後、連邦軍へのNVAの縮小吸収、そして統一条約の過程で決められた三七万体制への縮減がはかられた。九五年一一月には、パリで、通常兵力削減条約が調印された。アメリカもイギリスも職業軍隊であるが、ヨーロッパ方面の配備兵力を撤収している。ベルギーは徴兵制を廃止し、オランダも廃止の方向である。ドイツ政府は平時三四万体制の方針をとった。ドイツはまだ徴兵制をとっており、徴兵制を支える根拠として、それが「民主主義の子である」という議論が有力であった。だが、最近では、「連邦共和国における兵役義務制〔徴兵制〕は冷戦の子(ein Kind des Kalten Krieges)である」という視点から、「兵役義務を廃止し、この放棄を平和の配当として用いよう」という議論も起きている。

そのなかで、「普通の国」路線のリーダー格はK・ナウマン前連邦軍総監である。ナウマンは、「紛争防止と平和維持という政治的任務のなかで、……軍隊の本質と役割を新たに定義すること」の重要性を説く。すなわち、紛争防止で最も重要なことは紛争の原因除去であり、そこで軍隊は第一義的役割を果たさないが、紛争防止に貢献しなければならない。「なぜなら、軍隊なしには紛争防止という政治的目標は達成されえないからである」と。軍事的機能それ自体よりも、むしろ、軍隊のもつ「政治的性格」が重視されている点が注目される。

ナウマンによれば、連邦軍の任務は、「国の防衛」というよりは、むしろ、「国の利益」(ナショナル・インタレスト)の防衛にあり、しかも「国の利益」はグローバルである。ドイツは「世界的規模での経済的利益をもつ大陸型中級国家」とされる。ナウマンによれば、「世界的規模での経済的利益」とは、「自由な世界貿易の確保」から「全世界の市場および原料資源への円滑な接近の確保」までを包括する。ナウマンのこの言葉は、九二年二月の「ナウマン文書」のなかに出てくる。

「ナウマン文書」には、冷戦後のドイツの安全保障構想が描かれていた。ドイツ連邦軍の任務も、ソ連・ワルシャワ条約機構軍に対する国土防衛から、「死活的な安全保障利益」に基づく、市場・資源の維持・確保へと移行したわけである。

この文書は閣議に提出され、九カ月後の「防衛政策の大綱」に反映している。NATO域外派兵の積極化や、そのための軍の機構改編はこの文書をベースにしたものである。こうした方向は、「ヴィルヘルム的「世界政策」への道」といわれる。西欧列強の一員としてアジア、アフリカ等に向かって対外進出を強化した、第二帝政(皇帝ヴィルヘルム二世)時の対外政策との類似性に着目した批判である。

そうした方向への具体的手段の一つとして、一九九七年四月一日付で、外国における人質救出作戦などを専門に実施する特殊任務部隊(四個中隊一〇〇〇名)が編成された。ゲリラ戦や近接戦の特殊訓練を受けた、空挺部隊を中心とする少数精鋭のエリート部隊である。こうしたドイツの「普通の国」への道を、ある学者は「現代軍事介入主義」と批判している(拙著『現代軍事法制の研究――脱軍事化への道程』日本評論社、参照)。

アルバニアへの救出作戦は、こうした流れのなかで行われた。しかも絶妙な計算に基づくものだった。ドイツ人だけではなく、二二カ国の民間人を救出した(ドイツ人がわずか一八%というのも美しい!)。国際的信頼を大きく獲得した。緊急を要し、議会の事前承認を受けるいとまがなかった……。これだけ揃えば、反対はしにくい。この三月二〇日、社民党はもちろん、緑の党も賛成した。だが、これにより、重大な既成事実が一つ作られたことに注意すべきである。

九四年七月に連邦憲法裁判所は、ソマリアなどへの連邦軍派兵を合憲と判断したが、これはかなり無理な憲法解釈の結果だった。基本法八七a条二項（「軍隊は、防衛のためのほか、この基本法が明文をもって許す限度においてのみ、これを出動させることが許される」）を厳格に解釈すれば、NATO域外への派兵は許されない（ドイツの学界にも違憲解釈は存在する）。だが、裁判所は「議会の事前同意」というハードルを課すことで、かろうじて合憲という結論を導き出したのである。今回、議会の事前同意はなかった。この事実は重い。連邦軍が介入軍として世界展開する上での障害はなくなった。国連常任理事国へのパスポートは、日本より一歩先行したというところだろう。

ドイツの軍事オンブズマン（インターネットのドイツ連邦議会のホームページより）

統一を達成し、主権を完全に回復した以上、「特別の道」はうんざりだ、という気分は市民のなかにも、また緑の党のなかにも生まれている。平和活動家で、緑の党の国会議員も務め、日本の原水禁大会にも参加したことのあるA・メヒタースハイマーの「変身」は象徴的である。彼の「国民的平和主義」という言い方に、ある種の危うさを感じていたが、九六年一〇月、ついに極右の共和党の集会に参加するまでになった。いったい、この変化は何なのか。日本の「論壇」の状況や、「自由主義史観」の仕掛け人の遍歴などをみても、一方の極から他方の極まで、あまりにあっけらかんと飛ぶさまは、インターネット時代の「政治サーフィン」とでも評しえようか。その際、共通のキーワードが「国家」とか「国民としての誇り」である。

Ⅳ 「旧東ドイツ出身で、ボスニアへ派兵される連邦軍兵士が、極右の影響を受けて外国人襲撃を実行した」。ここには、統一ドイツのかかえる矛盾が実にシンボリックに示されている。これを単純化して、「ドイツは再びナチスへの道を進む」などというのは早計だろう。この傾向はごく一部にすぎない。だが、ドイツが、対外的に軍事的カードを使う「普通の国」への道を歩みだしている今、これを批判する議論がほとんど見られなくなってきた。湾岸戦争の戦前・戦中・戦後を通じて多用された「国際貢献」というトリックワード。ドイツでも、日本でも、これにより議論が翼賛化していった。そうしたバランスの悪さのなかでの極右の動きである。決して軽視できない所以である。

混乱する状況のなかで、冷静な視点をキープすることはむずかしい。目的と手段の関係を冷静に吟味し、憲法に基づく最も相応しい手段は何かを提示していくことが求められている。まちがっても安易な軍事力依存の方向に進んではならない。

(この項のみ『週刊金曜日』一九九七年五月二三日号)

三 軍隊の「再定義」――「普通の国」の軍隊へ

I 防大一期のトップで、防大卒初の海上幕僚長となり、統幕議長にまで登りつめたエリートは言う。「朝鮮半島に事態が起こりそうなとき、日本の国益に何がプラスになるのかを議論すべきでしょう。水はいいが、燃料はだめだというような軍事行動とかけ離れた机上の議論はやめて欲しい。現在の戦闘は情報通信やミサイル誘導技術の発達で、一番手ごわい部隊をたたかずに、後方の通信施設などをたたけばいい。第二次大戦時の概念で前線・後方といった議論をして欲しくありません。……日本は戦争を放棄していても、戦争の方は日本を放棄していません。本当に有事法制がいらないと言うのは、非現実的な絵空事。昔、日本の軍部は独走したが、自衛隊も今の状態ではどうしていいかわからないし、「独走しろ」と言われているのかという感じもする。法整備は政治や立法府の責任です」(佐久間一、『朝日新聞』一九九六年五月二四日付)。

現代戦では、前線(戦場)と後方(銃後)の区別がなくなったというのはその通りである。そうした事実を指摘して、後方支援ならば日本も参加・協力できるという論理のまやかしを批判する。だが逆に、「前線」の武力行使と一体の関係が明らかな以上、かりに後方支援にとどまるものであっても、日本がこれに参加・協力することは憲法上疑義があるというべきだろう。「有事法制」の整備についても、「独走しろ」という物騒な言葉を使い、立法府に対して挑発的議論をしかける。「軍事的合理性」の視点から、この国の「軍に対する議会統制」の不備を突いたもので、「自衛隊の独走を煽った」などと批判するのは早計である。そうした危険はまずない。問題は、「軍事的合理性」の発想がこの国の政治に浸透しつつあることそれ自体にある。それが「普通の国」ということだろう。だが、憲法九条を前提にすれば、そうした「軍事的合理性」の突出は許されない。

Ⅱ　自衛隊の部内には、「普通の国」に向かうさまざまな議論がある。たとえば、今後の自衛隊の活動分野として、「準危機管理」の領域を想定する議論もある。

ある幹部は、軍事的危機管理と非軍事的危機管理の間に、「準軍事的危機管理」というカテゴリーを設定する。これは、「近隣諸国の第三国同士の武力紛争」が原因となる危機である。北朝鮮の「南進」が想定されている。海軍歩兵による島嶼の占拠(地域住民を人質にした)なども挙げられる。陸自の役割は「危機管理戦略遂行の最終手段」たるところにあり、その実態は、「日米共同の「部隊行動」である」とされる(藤本和敏〔三佐〕「日米安保と危機管理」『陸戦研究』一九九五年五月号、一九―二五頁)。

そうした方向を支えるべく、装備面でも変化が見られる。たとえば、八九〇〇トン級の「輸送艦」(「おおすみ」)。巨大な甲板をもつ。これに陸自の諸職種のワン・パッケージ(予備も含む)を編成し、イージス艦や支援艦艇をセットで運用すれば、「海外遠征力」「緊急展開能力」をもつことになる(後掲「コラム」参照)。さらに、「多目的船」という名目で、大型病院船を保有する方向もある(『毎日新聞』一九九六年六月一七日付)。海上保安庁がもつ予定の災害対応型巡視船とは別に、なぜか大型病院船である。「多目的船」とは言いえて妙で、結局、これは米軍が持つマーシー級病院船(五万四〇〇〇トン)と同様、海外展開能力の一貫であることは間違いないだろう。

Ⅲ

海外に自衛隊が展開する上でも、それを説得的に説明するにはなお不十分である。正当化根拠を新たに洗練させることが課題となる。部内には、次のような議論もある。

かつては「ソ連の脅威」を持ち出せば、自衛隊の存在理由が説明可能だった。だが、ソ連が消滅したことで、「アクチュアル・リアリティ(眼前現実)の脅威」はなくなった。「無い脅威＝ヴァーチャル・リアリティ(仮想現実)の脅威」で説明するのはかなり苦しくなる。「組織は人であり、人は仕事を意味付けしつつ日々を送っている。積極的な意味付けができない。自衛隊員は、自分が何をやっているのか分からなくなる。何でもない屋になる。アイデンティティを喪失し、心理的に自己崩壊しかねない。そして自衛隊は内部から白アリに侵食される憂慮すべき事態も生まれかねない」。新防衛計画の大綱は、自衛隊の任務に、大規模災害・テロ災害等への対処やPKO等を盛り込んだが、これは「すべて冷戦の崩壊後に自衛隊が行った業務を追認し取り込んだもの」である（田村典彦〔二等陸佐〕「国家はなぜ軍事力を持つのか――軍事力の存在理由と存在意義 1」『陸戦研究』一九九六年四月号、五―六頁）。

こうして、この幹部は、結論的に、軍事力を「国際公共財の安定的確保を核とする秩序維持を目的とする国際警察力」と位置づけるべきことを説く。だが、「国際警察力」の名のもとに、海外活動が主たる任務となった「自衛隊」とは何か。「自衛のための必要最小限度の実力」としてかろうじて合憲性を確保してきた軍隊が、「自衛」以外にその正当化根拠を求める。すでに「自衛隊」というネーミングの終焉も近いのか。無理な憲法解釈で四三年間やってきたことのほころびが、いま極限にまで達しつつある。

IV　ドイツの場合も、前項で見たように、「介入部隊」の性格を強めている。元連邦海軍准将で、平和運動の側に身を投じたE・シュメーリングは言う。「ドイツ国民が最終的に「連邦軍」の終焉と、ドイツ介入軍の保持を望むのならば、すべての連邦軍の軍人は、この新しい契約条件を受け入れるかどうかを問われなければならない」(E. Schmähling, *Kein Feind*, Köln 1994, S. 12)。

自衛隊も同様だろう。「わが国の平和と独立を守り」という宣誓の内容とは異なる事態が展開している。自衛隊法三条の目的には、海外出動は想定されていない。いま、自衛隊員は、任官するときに宣誓していない事項についても、命をかけることを要求されている。

それで思い出したが、自衛隊の前身、保安隊のときにも、宣誓に関して問題が生じたことがある。一九五四年七月一日を期して保安隊から自衛隊への切替えが行われたときのことである。総理府令第三三号(一九五四年六月九日)「自衛隊法附則第二項の規定に基く保安庁職員の職務の宣誓に関する総理府令改正」二条に基づく宣誓のやり直しが、六月二一日に全国の部隊で一斉に行われた。宣誓書の文章は次の通りである。

宣 誓 書

私はわが国の平和と独立を守る自衛隊の使命を自覚し、法令を遵守し、一致団結、厳重な規律を保持し、常に徳操を養い、人格を尊重し、心身をきたえ、技能をみがき、政治的活動に関与せず、強い責任感をもって専心職務の遂行にあたり、事に臨んでは危険を顧みず、身をもって責務の完遂に努め、もって国民の付〔負〕託にこたえることを誓います。

これに基づき、六月二一日に全国の部隊一斉に宣誓をさせたところ、保安隊から七三〇〇名、警備隊から一〇名、保安大学校から六名が宣誓書に署名しなかった。つまり自衛隊への移行を拒否したわけである。

内訳は次の通り。第一管区隊(東京)二二〇〇名、第三管区隊(伊丹)一四〇〇名、第四管区隊(福岡)一一〇〇名、北部方面隊(北海道)一四〇〇名、直轄部隊一二〇〇名、警備隊一〇名、保安大学校六名。

細かく見ると、たとえば、群馬県新町の部隊では、八〇〇名の三士のうち一五〇名が宣誓を拒否した。多くは家庭の事情や待遇上の不満等から任期満了で辞めるつもりで宣誓をしなかったと見られるが、任期とは無関係に、軍隊化を嫌って宣誓を拒否した隊員もかなり含まれていたという。木村篤太郎・保安庁長官(当時)は、「七月十五日に満期となるものが五、六千名あるので、この人達は宣誓して直ぐ辞めるということになるので、強いて宣誓を求めなかった。また勤務成績不良のものにも求めない。保安大学の宣誓を拒否した学生は修業見込薄のものである」と鎮静にやっきとなった。だが、当時の雑誌はこう評価している。「いままで主任務だった国内秩序維持が、ここではさしみのツマのように後退りし「外敵防衛」が主任務となった。……したがって、機構改革で予備隊から保安隊となった時と違って、国内治安に当るという約束で現在入隊しているものをそのままほおかむりして、直接侵略対処という新任務につかせることは、国家が約束をふみにじることになる。そこで宣誓のやり直しが必要になってくる。……自衛隊法の施行により引きつづき自衛隊員になろうとするものは、新しい宣誓文によって、「国家防衛」いいかえれば事実上軍人としての任務に邁進すると誓うことになった」(戸川徳行「自衛隊員宣誓拒否事件の真相」『日本週報』一九五四年七月一五日号、一九―二四頁)。

「国の防衛」「専守防衛」のつもりで入隊した自衛官たちは、「宣誓」のやり直しもしないで、海外出動を命ぜられている。自衛隊の海外出動がなし崩し的に増えていけば、「治安維持」から「国防」に転換するときに起きた出来事が再び起きないという保証はない。自衛隊員のなかでも、「普通の国」への道を歓迎する声ばかりではないはずである。

【コラム】

覗き週刊誌『フライデー』には、たまにまともな写真が載る。九七年二月二八日号「海上自衛隊〝PKO空母〟おおすみ撮った!」。三井造船玉野(岡山県)で建造中の大型輸送艦「おおすみ」の姿が初めて明らかになった。全長一七八メートル、排水量八九〇〇トン。この種のものでは最大級。装甲兵員輸送車を四台も積めるホバークラフト(高速揚陸艇)を二隻もつ。甲板は異様に広く、どう見てもヘリ空母の機能をもつ強襲揚陸艦である。PKO等の海外活動に使うためとされていたが、『フライデー』記事は、戦闘機やヘリを搭載して、タンカー等の航路防衛に使えるという「防衛庁関係者」の言葉を紹介している。これは重大である。この艦には兵員一〇〇〇名が乗れるから、装甲車両と対戦車ヘリをもつ一個戦闘単位を海外に投入可能な能力をもつことになる。艦橋に航空機管制スペースらしきものも見えるから、将来的には垂直離着陸機(VSTOL)の導入も検討されてくるかもしれない。イージス艦や支援艦艇と組み合わせれば、一個空母機動部隊を日本がもつことになる。海外で何かあったとき、これを外交の切り札にする。また、海外邦人(法人)救出の手段とする。これは憲法九条一項が禁止する「武力による威嚇」にあたる。政府のいう「自衛のための必要最小限度」さえ超える装備であるといえるだろう。

2　読売新聞社「憲法改正試案」批判

四八年前の読売憲法論

「新憲法をしっかりと身につけ新憲法を一貫して流れる民主主義的精神を自分たちのものとすることによって、われわれははじめて平和国家の国民としてたち直ることができるのである」。読売新聞社が、日本国憲法公布の日(一九四六年一一月三日)に発行した『新憲法読本』の一節である。九条解説の部分には、「新しい時代の平和の典型として日本憲法を見るならば、ある程度の戦力保持の必要を漠然と感じる危惧感は、この憲法によって再生しようとする日本国民のヒューマニズムを踏みにじるものでしかない。それは単なる感傷の域を脱しない小市民的感情であろう」とまで書かれていた。

四八年後の同じ日、この新聞社は、「新憲法」の戦力不保持規定を削除して「新・新憲法」をめざす全一一章一〇八ヵ条の「憲法改正試案」(以下、「試案」という)を大仰に発表した。

「試案」ではなく「私案」

質においてではなく、量において「世界一」の大新聞(自称一〇〇八万部)が、全三六頁の紙面(東京本社一四版)のうちの八頁も割いて改憲案を打ち出したのも異例ならば、直前までその内容を約七五〇〇人の社員に徹底的に伏せていたのも尋常ではない。これは、読売新聞社としての「試案」ではなく、より正確には「渡辺恒雄社長と〝一二人の浮かれた男たち〟(論説委員と各部デスク級。なぜか女性は一人も含まれていない)」によってまとめられた「私案」というべきだろう。

「社内に敷かれた厳重な箝口令」(『週刊現代』一九九四年一一月一二日号)と指摘されたように、事前漏洩へのガードは異常に固かったという。『読売新聞』とほぼ同じベクトルを志向する『SAPIO』(小学館)一一月一〇日号の「前触れ記事」でさえ、条文の数や位置などが違っていたほどである。だが、一一月一〇日発売の『文藝春秋』一二月号には素早く転載されている。月刊誌の製作工程からみて、一一月三日以前の事前入稿なしにはありえない。市民や読売社員の圧倒的多数には「秘密」でも、特定の外部雑誌とはオープンな提携関係が存したわけである。この作業・発表方法の「密室性」は、「試案」に「知る権利」や情報公開に関する規定がないことと妙に符合する。

九二年一二月公表の改憲案が「憲法問題調査会第一次提言」とされていたのと比べ、今回のものは読売新聞社としての案ということで、より踏み込んだ形をとっている。

一般に、憲法改正を論ずることそれ自体は、改正案の提示も含めて基本的に自由である。日本国憲法は、自らを対象化させ、その改廃を論ずる自由をも保障していると解される。ただ、それはあくまでも個人レヴェルの問題であって、巨大メディアとなれば話は別である。憲法論議を活発化させるといいながら、権力を監視・チェックすべき言論機関が、権力側の政策を丸飲みするような改憲案を直接打ち出すことは、メディアの社会的責任と機能という点からも問題とされよう。また、新聞社が、特定の統治政策への強力なオリエンテーション(方向づけ)機能を直接果たす立場に徹した場合、当該新聞社の構成員(特に報道記者)の「プレスの内部的自由」との関係が出てくる。さらに、当該紙の読者(「受け手」)の側にも、情報選択の幅が制約されるという問題が生じるだろう。「試案」は、野球界にも「軍」を保持する巨大メディアの「奢り・昂り宣言」といえよう。

「普通の国」の憲法へ

「試案」は、憲法典の形式に関わる整序や、文言上の改善、人権条項の「補充」などを含む。たとえば、第一章に国民主権を置き、天皇を第二章に下げたこと、「権限を有する司法官憲」を「裁判官」と明示したこと(「試案」三七、三九条)、衆院解散の主体の明確化(同七七条)、国籍離脱の自由の保障の主語を「何人」から「国民」に変えたこと(同二四条二項)、環境権(同二八条)や「人格権」(同一九条)の規定新設、等々である。だが、そこでいわれているものは、長年にわたる学説・判例の蓄積、実際の運用のなかですでに定着してきたものが多い。「参議院の優越」(同六八、六九条)など、思いつきの域を出ない恣意的なものも含まれている。憲法典としての形式・文言上、より「美しい」に越したことはないが、あえて明文改正するまでもない。むしろ、そうした「改憲遊び」の陰に、「試案」の本当の狙いが見え隠れする。「試案」の問題点すべてにメンションする余裕はないが、さしあたり次の三点のみ指摘しておこう。

九条二項の改正意図

第一に、従来から改憲案(構想)の最大の目標・焦点であった憲法九条二項の扱いである。「試案」は、「日本国は、自らの平和と独立を守り、その安全を保つため、自衛のための組織を持つことができる」と規定する(「試案」一一条一項)。九二年「第一次提言」のような「安全保障基本法」という法律のクッションを経由せず、直接に九条二項の削除を提案しているわけである。「強気」に出た背景には、この間の社会党の変化(自衛隊合憲論への「転進」)があることはいうまでもない。しかし、「試案」の射程は、単なる「自衛隊の合憲化」にとどまってはいない。現代における軍事機能の多様なメニューに柔軟に対応できるよう、以下のようなさまざまな仕掛けがセットされている。

まず、「第一次提言」にあった「必要最小限」という限定を外し、「厳格な文民統制」という文言を落とすことによって、軍事装置の柔軟かつ円滑な発動を可能にしている。「必要最小限」削除の狙いは、「試案」解説記事のなかで、「集団的自衛権を保持していることが、より一層、明確になろう」と自賛している点と関わってくる。だが、「試案」一一条一項が集団的自衛権を認めていると読むことはかなり無理がある。また、首相の指揮監督権というだけで、議会の関与・統制の視点が欠落している。

次に、「試案」は「非人道的な無差別大量殺傷兵器」の禁止を、製造・保有・使用のレヴェルに限定している(同一〇条二項)。戦術核兵器の「持ち込み」(配備)、「通過」は必ずしも否定されていない。「非核三原則」の「二・五原則化」を憲法規範のレヴェルに高めようという試みといえよう。

さらに、「確立された国際的機構の活動」(同一三条前段)は、国連のみならず、NATOをはじめとする軍事同盟条約なども含みうる。「平和の維持及び促進並びに人道的支援の活動」への「自衛のための組織の一部」の提供(同後段)の規定も、国連のPKOのみならず、「平和強制部隊」(PEU)や湾岸型「多国籍軍」など、広範な軍事的出動形態への参加の可能性を開いている。「自衛隊」という文言をあえて使用せず、「自衛のための組織」というファジーな表現にとどめたのも、将来「自衛軍」ないし「日本国軍」へのグレードアップの可能性をにらんだものだろう。

「自衛のための組織に、参加を強制されない」(「試案」一一条三項)としながら、従来から徴兵制禁止の根拠条文とされてきた憲法一八条(意に反する苦役からの自由)をさりげなく削除している点も見逃せない。従来の政府解釈は、徴兵制の違憲性を説明する際に、憲法九条との関係を切断し、もっぱら一八条にのみ根拠を求めてきた。そのため、「防衛負担」のさまざまな形態を違憲ではないとする解釈の余地を生んできた。今回の「試案」が一八条を削除したことは、「国際活動への参加」(同一三条)の拡大に照応した「国際活動負担」を、地方公務員や一般国民にも課していくことをも可能にしている(PKO等協力法にもすでに一定の負担形態が存する)。「試案」一一条三項と憲法一八条削除とがセットになれば、志願制である「自衛のための組織」以外の活動への参加強制の可能性はむしろ広がるのである。

そして、軍法会議の設置を不可能にしてきた憲法七六条二項(特別裁判所の禁止)改正についてである。警察予備隊創設に関わったGHQのF・コワルスキー大佐自身が述べているように、七六条二項は、九条二項および一八条と並んで、日本再軍備の大きな障害であった(勝山金次郎訳『日本再軍備——再武装担当幕僚長の秘録』サイマル出版会)。現在も、自衛隊には軍法会議は存在せず、自衛隊関係の事件も通常裁判所の裁判権の下にある。今後、自衛隊の海外出動の機会が広がるにつれて、より厳格な規律保持のため、軍刑法や軍法会議といった制度の必要性は一層増大してくるだろう。「特別裁判所」から「特例の裁判所」(「試案」八五条二項)に改めることが、防衛秘密や「自衛のための組織」固有の事件を扱う「防衛裁判所」の設置を容易にするかどうかは即断できないが、「試案」が七六条二項に手をつけたことの意味が、起草者の予想以上に大きいことは確かである。

一言でいえば、これら一連の改正点の狙いは、「大きくてギラリと光る「普通の国」」への道の憲法的正当化にほかならない。

官僚主導の「強力な政府」

第二に、「試案」においては、官僚主導の「強力な政府」、行政権優位の強力な統治システムがめざされている。それは、特に内閣総理大臣(首相)の地位・権限の強化に端的にあらわれている。「国務大臣を統率」(「試案」七四条二項)、「行政各部を統括」(同八一条)、「自衛のための組織の最高の指揮監督権」(同一一条二項)等々。四二歳の若き中曾根康弘氏が出した「高度民主主義民定憲法草案」(一九六一年一月)では、大統領型の首相が提唱されていた。そこでの強力な首相権限は、国民による「内閣首相および内閣副首相の選挙」(中曾根案七九条)により、まがりなりにも「民主的正当性」が担保されていた。今回の「試案」は、首相公選論を退ける一方で、現行の議院内閣制の仕組みには手をつけずに、首相の権限強化のみを突出させている。緊急事態における首相権限は規定されていないが、「時期尚早」と判断されただけで、ペンディングにされている点は注意を要する(「試案解説」『This is 読売』一九九四年一二月号)。

また、憲法裁判所の設置は今回の「試案」の数少ない「目玉」の一つである。もっとも、この部分は、憲法判断に消極的な裁判所の現状への批判から、一部に期待する向きもある。しかし、憲法裁判所設置による憲法判断積極主義は、必ずしも国民の人権侵害状況の是正にとってプラスとはならないだろう。ドイツ連邦憲法裁判所を真似したようだが、ドイツの場合、憲法裁判所への係属事件の九五%は、公権力の基本権侵害に対する救済を求める憲法訴願(Verfassungsbeschwerde)である。「試案」八七条三項の「異議申し立て」は、ドイツの憲法訴願とは相当な距離がある。全体的な脈絡抜きで、唐突に外国の制度を持ち込んでくる安易さもさることながら、むしろ主眼は、内閣が、合憲の「御墨付」を迅速かつ確実に獲得することにあるといえよう。下級裁判所による違憲判断の可能性を遮断することも、これと連動している。この国の司法の現状では、「合憲判断積極主義」の制度化になりかねない。

さらに、憲法裁判所による合憲判決でも不十分となれば、その時々の統治政策に合わせて憲法を変えていけばよいというわけか、「試案」一〇八条は、憲法改正のハードルを著しく低くしている。国民投票を必要とする場合を、「在籍議員」の九分の四以上を獲得できなかった場合に限定するなど、規定の仕方もあまりに政策的である。

立憲主義軽視の改憲試案

第三に、「試案」の根底にある、憲法の「存在の耐えられない軽さ」が危惧される。立憲主義軽視の思想が、「試案」の通奏低音として流れている。たとえば、「簡素化」と称して、前文に示される立憲主義の諸命題がことごとく削ぎ落とされている。ちなみに、アメリカ人のデーブ・スペクター氏は、日本国憲法前文を「海外に行って人に見せたくなる」「すばらしい文章」と述べて「試案」を批判しており、興味深い(『夕刊フジ』一九九四年一一月一二日付)。

人権条項の「総則」部分で、人権を行使する国民に対して「公共の福祉との調和」を求めている点も問題である。さらに「試案」は、国務大臣など国家権力の担い手に対して憲法尊重擁護義務を課した憲法九九条を削除して、逆に一般国民に対してそれを要求している。そもそも日本国憲法は、国民に対して「憲法忠誠」(Verfassungstreue)を求めてはいない。「試案」には逆転した発想がうかがえる。前述した憲法改正手続の政策的「軟化」にも、立憲主義軽視の姿勢が読み取れる。

「試案」は「二一世紀に通用する未来志向型憲法をめざした」という。だが、権力の側には立憲的制約を緩和して、広範な裁量権を与える一方で、国民の側には「公共の福祉との調和」や「憲法遵守」を要求する憲法とは一体何なのか。それは「未来志向型憲法」などでは決してなく、欧米の「普通の国」の水準にも達しない、この国の後進性と権威主義的体質を助長・促進する「現状追認型憲法」への退歩でしかないだろう。憲法研究者のなかからも、あるいは大胆に、時には密やかに、現状追認(自衛隊合憲論等)への「転進」傾向が生まれている。そうした状況からすれば、一新聞社の「試案」としてたかをくっているわけにはいかないだろう。

日本国憲法は、軍事に関わる一切のオプション(選択肢)を自ら放棄することによって、安易で簡易な軍事力行使の道をとらない、平和主義に徹する創意と工夫を日本国民に求めている。この憲法の無軍備平和主義こそ、冷戦終結後の世界の複雑な事態を克服して、二一世紀に平和な国際社会を確立していくための方向と内容を示しているのである。

(『法学セミナー』一九九五年一月号)

3　読売新聞社「総合安全保障政策大綱」批判

憲法学者もメディアも「多様化」？

「わが国では、未だに、自衛の合憲性の問題（つまり自衛隊の存在を許してよいか否かなどという馬鹿げた問題）が論じられており、そういう意味で、自衛隊は決して正当な扱いを受けていない。……自衛隊が軍隊として正当な尊厳性を享受できる社会状況を作らなければならない。それは、わが国が文字通り「普通の国家」になるために不可欠な最低限の条件であり……」（『朝雲』一九九五年四月二〇日付）。

これは、「日本国憲法を護る立場に立って、学問的研究を行な」う（規約一条）ことを目的とする全国憲法研究会の会員である小林節氏（慶応大学法学部教授）が、自衛隊の部内紙に連載しているコラムの一節である。三〇年前、改憲への批判的姿勢を鮮明にして発足した全国憲も、今や、自衛隊の合違憲性を論ずることそれ自体を「馬鹿げた問題」だという会員を擁するまでに「多様化」したのだろうか（彼は「日本国憲法の基本理念の擁護」（規約二条一項）をうたう憲法理論研究会の会員でもある）。

メディアの状況はどうか。五月三日の各紙社説を読むと、護憲的色彩が強い地方紙の社説に比べ、全国紙のそれは「多様化」が進んでいるようにみえる。一方の『読売』が「総合安全保障政策大綱」(以下、「大綱」という)で「侵略・大災害・テロ」に対処するトータルな緊急事態体制の確立を勢いよくぶちあげれば、対する『朝日』は大型社説「国際協力と憲法」をトップに配して、憲法改正反対を明確にするとともに、非軍事の国際協力に徹すべきことを厳かに説く。*「『あいまいな日本』の傷口」と題する『毎日』社説は、『読売』と『朝日』の間でふらつく腰の弱さと迷いが滲み出ていて、その存在感の軽さは目を覆うばかりである。さらに『産経』は、「真の『自立』へ改憲を」と題し、「『第二の敗戦』とは戦後最大規模の大震災と、国家転覆を狙ったかのような異常な事件による未だかつて経験したことのない社会不安、それに未曾有の円高・信用不安・産業空洞化などの経済危機が加わった複合的敗戦状態である」と威勢はいい。だが、かつての『産経』の十八番は、いまやすっかり『読売』に持っていかれた感がある。

ところで、「大綱」は、九四年に出された「憲法改正試案」と相互補完の関係にあるとされる。そこには、「改憲試案」のレヴェルではさすがに自粛されたり、カットされた軍事・非常事態に関する諸措置が、実に奔放に列挙されている。『読売』側は「世論形成」の意図を否定するが、「改憲試案」や「大綱」の大々的な掲載・宣伝のほかに、関連特集記事の反復・継続的掲載、さらに販売店にまでその宣伝を徹底させている点などから、「改憲キャンペーン」ないし「改憲への世論誘導」と断定して差し支えないだろう(中野邦観・読売新聞社調査研究本部次長の発言、『法学セミナー』一九九五年六月号も参照)。なお筆者は、「読売改憲試案」の問題性について、その発表直後に批判的検討を行っている(本書第五章2、および拙稿「「一丁の機関銃」から見る憲法九条の危機」、日本ジャーナリスト会議編『日本への心配と疑問』高文研、参照)。本節では、今回の「大綱」に限定し、その内容と問題点について簡単にコメントしておくことにしよう。

＊『朝日』社説には、憲法は「自衛のための必要最小限の実力の保持を禁じていない」という重大な主張がさらりと含まれている。そこで提言されている「平和支援隊」にしても、消火器ではなく小火器(小銃、軽機関銃等)の保有が認められている。これらの点を含め、提言の整合性・一貫性には疑問もある。自衛隊合憲という点に関する限り、「多様化」よりはむしろ「一元化」が進んだともいえる。

「読売改憲試案」の具体化？

「大綱」は形式上、「「読売憲法改正試案」に基づき、安全保障の理念を具体化したもの」と位置づけられている。とすれば、「大綱」のいう「総合安全保障基本法」も、「読売改憲試案」が現行憲法となったときの、その下位法ということになる。ところが、「大綱」の解説では、政府の集団的自衛権に関する違憲解釈を「論理矛盾」だと批判するなど、なお現行憲法下の議論に引きずられているふしがある。一般に「安全保障基本法」とは、明文改憲が日程にのぼる以前の段階で、いわゆる「解釈改憲」ないし「立法改憲」(いずれも厳密な憲法学的概念ではないが)の手法として主張されているところのものである。では、「大綱」のいう「総合安全保障基本法」とは、そうした手法のヴァリエーションなのか、それとも明文改憲後の具体的立法の形態なのか。その点の法的整理は必ずしも明確ではないように思われる(この問題を最も早く指摘したのは森英樹・名大教授)。こうした「混乱」は、『読売』が明文改憲路線に完全に徹したわけではなく、いわゆる「立法改憲」路線をも併用しようとしていることのあらわれと見ることもできる。

「大綱」は全一〇章から成り、その骨子は次の通りである(『This is 読売』一九九五年六月号)。すなわち、①防衛、大災害、テロなどすべてを対象にする、②総合安全保障会議を設置し、首相の指導力を強化する、③防衛に加え、ＰＫＯ、災害派遣も自衛隊の任務とする、④首相が緊急事態を宣言し、一元的に指揮監督を行う、⑤日米安保を基軸に、地域の信頼醸成措置をとる、⑥廃棄化学兵器の処理を積極的に行う、⑦ＰＫＯ凍結部分の解除とＰＫＯ訓練センターの設置、⑧在外邦人保護に艦船も派遣する、⑨ＯＤＡは国際平和の発展のために行う、⑩食糧・エネルギーの安定供給体制づくり、である。政策提言としての体系性や厳密性は二の次にされ、かなり思いつき的な羅列が続く。こうした議論にまともに付き合うのは結構きついが、論点をしぼって問題点を検討しておこう。

包括的な緊急事態法制の導入

まず、「大綱」の最大の目玉といえるものが、緊急事態に関する諸事項である。先の「改憲試案」には露骨な緊急事態規定は存在しない。社内用に編集された『読売憲法改正試案――疑問と回答』という想定問答集によれば、「憲法の条文に緊急事態の条文を入れることを急がず、今後の国民による論議に基づき、法律による規定に託した」からだという。それにひきかえ、今回の「大綱」では、緊急事態に関する事項が心おきなく、存分に盛られている。

第一に、緊急事態概念の伸び伸びとした理解である。総論では、安全保障政策の対象となる「脅威および災禍」が、「外部からの侵略や騒乱によるものだけではなく、自然災害や、大規模事故、テロ・環境破壊その他、国民の生命、身体、財産を脅かすすべての事象をいう」と極めて鷹揚に定義される。各論に入ると、緊急事態に関する独立した章が設けられ(第四章)、そこでは、緊急事態として、①外部からの武力攻撃(切迫した場合を含む)、②テロや騒乱、③大地震や原発事故など通常の体制では対応できない大規模災害、の三類型が挙げられている。「大綱」は地下鉄サリン事件等に便乗して、厳密な定義なしにテロ行為一般を緊急事態概念に包含している。各国の緊急事態法制では、対内的緊急事態類型の場合、内乱や大規模な暴動等が想定されている(これ自体問題であるが)。テロや騒乱一般は、通常、警察の事項である。「大綱」は、緊急事態措置の対象と捕捉範囲を安易に拡張するものであろう。

第二に、内閣総理大臣に、緊急事態の認定から布告までの全権限を大らかに付与していることである。一応国会の承認も規定されているが、事後承認でもよいことから、議会統制の実はかなり低い。しかも事後承認は、防衛出動(自衛隊法七六条)の場合は「直ちに」行う必要があるのに対して、「大綱」の緊急事態宣言の場合は、命令による治安出動や警察緊急事態(「大規模な災害又は騒乱その他の緊急事態」)の場合と同様の「二〇日以内」に緩和されている(自衛隊法七八条、警察法七四条)。ちなみにドイツの場合は、「防衛上の緊急事態」(Verteidigungsfall)の確定は、連邦議会(三分の二の多数)の権限に委ねられている(基本法一一五a条)。連邦議会が開催不能等の場合は、連邦議会と連邦参議院からあらかじめ選出された合同委員会が緊急事態の確定を行う(同五三a、一一五a条)。四八名による「非常議会」で、連邦議会議員三二名(各会派の議席数に比例して選ばれる)と連邦参議院議員一六名(州政府の代表)より構成される。*「非常事態でも議会は存在し続ける」。政府の判断だけで緊急事態が布告されることがないようにするための、ドイツ人らしいギリギリの工夫である。これに比べれば、「大綱」はあまりにも素朴に、内閣総理大臣という執行権のトップに非常権限を集中させており、議会統制の効果もドイツの場合よりはるかに脆弱であるといえよう。

第三に、「基本権の制限」が規定されていることである。同一パラグラフに「基本的人権」と「基本権」という用語が混在している点はここでは問うまい。制限の対象となるのは、「交通、通信、居住・移転の自由、財産権」が挙げられている。「解説」を読むと、これはいわば限定列挙であって、表現の自由等は制限されないとされている。だが、そこでいわれているような交通規制や電話の利用制限程度ですむのか、極めて疑問である。むしろ、「大綱」のいう緊急事態措置が「理想的に」実施された場合、国民の基本的人権の広範な制約が生ずる可能性は極めて高く、限定列挙の意味はほとんどなくなる。通信の自由(秘密)という精神的自由権の形態の制限を想定している点も問題である。憲法裁判所による事後審査の可能性も残しているが、「改憲試案」における憲法裁判所それ自体の構成・権限等に重大な疑義がある以上、事後統制機能はほとんど期待しえないだろう。

第四に、組織的テロなどを含む「内外の多様な脅威」に対処するための法的措置を「平常時から整備」するとされる点である。具体的には、「緊急対応措置に関する法律」によって、内閣総理大臣の緊急措置権を広範に定めることが予定されている。同種の規定を含むであろう「総合安全保障基本法」との関係も明確ではない。自衛隊法、警察法、災害対策基本法等に「散在」している緊急事態に関する諸措置を、「軍」主導で統合し、方向づけるという意図であろうが、それによって生ずるものは、災害対策や消防の軍事化であり、地方自治体の国家統制にほかならない。

第五に、「総論」において、「生活の基盤である地域社会の安全に寄与するよう務めなければならない」という国民に対する義務づけが強調されている点も無視しえない。そこでは、緊急事態における諸措置への協力義務だけでなく、国家の治安維持機能に対する国民の日常的協力義務も当然想定されていよう。地下鉄サリン事件以降の「公安警察国家」化（J・ヒルシュのいうSicher-heitsstaat）の傾向を見れば、「大綱」が意図する国家の像が浮き上がってくる。

＊ インターネット上のドイツ連邦議会のホームページには、この「非常議会」のメンバーの名簿が載っている（http://www.bundestag.de/gremien/）。三二名の連邦議会議員の内訳は、連立与党のキリスト教民主・社会同盟（CDU・CSU）一五名と自由民主党（FDP）二名。野党は、社会民主党（SPD）一二名、同盟90・緑の党（Bündnis 90/Die Grünen）二名、民主社会党（PDS）一名、である。一方、連邦参議院の一六名の内訳は、全一六州から各一名ずつが登録されている（州首相を出しているところは五州）。

「普通の国」の「普通の軍隊」へ

次に「大綱」が重視しているのは、「軍隊の尊厳性」（小林節）が認められる「普通の国家」となるために必要な施策である。

まず、「個別的自衛権」のみならず、「集団的自衛権」も保持し、かつ行使できるとしている。『読売』自身の無理な「有権解釈」によって「改憲試案」に読み込まれていた「集団的自衛権の行使」が、「大綱」によって具体化されたわけである。ところで、現在の日米安保条約はその成立時の事情から「片務的」性格をもつ。運用によって「双務的」機能を果たすようになってきたとはいえ、従来の政府解釈が「集団的自衛権」の行使のレヴェルでの制約を加えてきたことが、その双務化の最終的仕上げを遅らせてきた(その背景には、平和を求める世論と運動があった)。「大綱」が「集団的自衛権の行使」にこだわるのは、日米安保体制の双務化の完成を志向しているからであろう。「大綱」の「解説」は、米艦艇への支援を想定したものとされる。だが、「双務化」が日本にもたらす効果は、米軍艦艇に対する補給・支援程度ではすまない。米軍基地からの直接の戦闘行動に対する事前協議義務の廃止、米軍地位協定上の制約の除去等も連動して求められてくるだろう。それは国内法である「総合安全保障基本法」だけでは不十分で、日米安保条約や地位協定等の手直しも必要となってくる。防衛庁は「日米安保条約の見直し(再定義)」という文書のなかで、日米安保体制は、「世界の安定維持に関する米国の活動を、日本が支援するための不可欠の枠組」であるとし、全世界で活動する米軍を支援する方向で、日米安保の質的転換をはかろうとしている(一九九五年五月一日付各紙)。「大綱」はそうした方向を、メディアの側から助長・促進するものといえよう。

第二に、自衛隊の「国軍」化である。「大綱」は、自衛隊が、「さまざまな脅威に柔軟に対応できる」という目的のために、組織・編成・装備・情報等を整備していくべきであるとする。すでに防衛庁も「今後の防衛計画の基本的考え方」という文書を出し、テロや武装難民等の「多様な危険」に対応するという方向で、「防衛計画の大綱」見直しの検討に入っている(一九九五年四月九日付各紙)。正面装備の一定の削減を含め、陸海空三自衛隊の再編も進行中である。「読売大綱」は、自衛隊が「普通の軍隊」がもつ全属性を具備できるように、さまざまな提言を行っている。たとえば、PKO業務に「警護」任務を付加したり、「隊員の安全確保」のほか、「任務遂行が著しく妨げられた場合」にも、現地指揮官の命令による武器使用を認めている。これはPKO等協力法の制定過程の議論やPKO五原則からみて、問題であろう。

第三に、とりわけ問題なのは、「在外邦人の保護」のために自衛艦を派遣するとしている点である。航空機の場合と異なり、艦船の派遣の場合は、その護衛や補給、現地の安全を一定期間確保するための武装部隊(「平成の海軍陸戦隊」を編成するか、一定規模の陸自部隊との協力を行うか)の投入が不可欠となろう。「大綱」が「任務終了後、すみやかに帰国」をうたっても、実際にはそう簡単にいかない。こうした施策は、地域紛争に対する日本の関与の度合いを決定的に高めることになるだろう。

慢性的な「軍事中毒」?

「読売大綱」には他にも問題とすべき点があるが、全体として、そこに見られるのは「軍事的なるもの」ないし「軍事の論理」の突出である。金丸信、小沢一郎といった、日本政治の利権・

強権・ダーティを代表する政治家が歴代会長を務める「日本戦略研究センター」。ここが出している文書のなかに、「大綱」とよく似た記述が多く見られる(日本戦略研究センター編『世界に生きる安全保障』原書房、参照)。権力をチェックすべきジャーナリストが「軍人」の代弁を嬉々として行うというのはどういうことなのか。軍隊が再び「国家のなかの国家」とならないよう、「制服を着た市民」(Bürger im Uniform)という理念に基づいて設立されたドイツ連邦軍の場合、さまざまな限界や問題点もあるが、その最も重要なポイントは、制度的なシビリアン・コントロールにとどまらない、軍の社会的統制という視点であった。軍人に市民的自由が保障されていることも不可欠の要素となる(拙著『現代軍事法制の研究――脱軍事化への道程』日本評論社、参照)。それと比べて、『読売』の「軍事的なるもの」に対するあまりにも牧歌的で素朴な認識には驚くほかはない。

「オウム真理教事件」では、迷彩色の戦闘用防護衣(東洋紡績製作、防護マスク四形と併用)を着て捜索する警察官の異様な姿が、テレビを通じて「お茶の間」に飛び込んできた。今度は、見えない軍服を着た新聞記者が、危機を売り歩くコメンテーターや「学者たち」と一緒になって、軍事依存型の発想法を新聞を通じて「お茶の間」に垂れ流し、リストラの対象になりかかった自衛隊や公安組織の「生き残り」に貢献している。「軍事中毒」は、「平和ボケ」よりもよほど有害であることを知るべきである。

いま、自衛隊をめぐっては、「読売大綱」が志向するような軍隊化の道をさらに推し進めていくのか、それとも非軍事組織へのコンバート(「解編」＝解散・非軍事組織の新編)をめざすのか。地球規模での非軍事的活動の必要性が増大するなか、そして武力紛争解決に軍事的手段は有効でないことが次第に明らかになりつつある今日、後者の道は決して「空想」や「理念倒れ」ではない。この道こそ、I・カント『永遠平和のために』の発展形態である日本国憲法九条を活かす道である。

(『法と民主主義』一九九五年六月号)

4 憲法六六条二項と永野法相問題

大型連休中だけの法務大臣

列島が大型連休に突入する直前の一九九四年四月二八日。羽田首相は組閣にあたり、法務大臣に永野茂門参議院議員(比例区当選二回、旧新生党)を任命した。筆者は、五月三日の憲法記念日講演会(全国憲法研究会主催、東京・中野)における講演の冒頭、「永野氏は、旧軍でいえば退役陸軍大将にあたり、憲法六六条二項にいう「文民」ではなく、国務大臣として不適格である。かかる大臣任命行為は憲法上疑義がある」と述べた。翌四日付『朝日新聞』(東京本社一四版)は、「法相の人選を批判」という四段見出しでこれを報じた。一方、同日付の『毎日新聞』(東京本社一四版)には、「南京大虐殺 でっち上げ」との見出しの下、永野氏のインタビュー記事が掲載された。「南京大虐殺など、私はでっち上げだと思う。……直後に私は南京に行っている」、「あの戦争を侵略戦争というのは間違っている。……植民地解放、(大東亜)共栄圏解放ということをまじめに考えた」等々。この発言にアジア諸国は一斉に反発。野党のみならず、連立与党内部からも批判が起こった。かくて、大型連休の幕切れ直前の五月七日夜、永野氏は法務大臣を辞任した。

永野氏は「退役陸軍大将」

永野茂門氏。一九二二年生まれ。広島陸軍幼年学校、陸軍士官学校(五五期)卒。中支方面軍電信第一三連隊の小・中隊長として中国各地を転戦。大虐殺直後の南京にも行ったというが、時期的におかしい(事件当時、彼は一五歳)。終戦時、陸軍大尉。五一年に警察予備隊入隊。自衛隊では、西部方面通信群長、陸幕第四部長等を経て、七四年に陸将に昇任した。第一一師団長、東部方面総監等を歴任し、七八年に陸自トップの陸上幕僚長(第一五代)に就任。八〇年に退官した。

永野氏は、自衛隊の元将官の中でも、政治への関与の度合いは極めて高く、特に金丸信氏との関係は「金丸防衛庁長官―永野陸幕長」コンビ以来続いている。金丸氏が会長を務めた日本戦略研究センターの常務理事を務め、小沢一郎会長の下で理事長に昇格した。

永野氏は一貫して、「防衛政策」をより過激にプッシュする方向で発言を繰り返してきた。たとえば、「いまの志願制で十分なのか、徴兵制でなければいけないのかは、やりかたひとつですね。いまのような志願制では、徴兵制という強制的なやりかたに切り換えなければむずかしいと思います」(永野茂門ほか『日米共同作戦』麴町書房)、「民防を含む核防護態勢、核戦被害局限対策の確立によって抑止力をより有効確実なものにすることが重要である」(永野茂門「防衛構想に関する提言」、金丸信ほか監修『こうすれば日本は守れる』原書房)、等々。

大型連休中のわずか一〇日間とはいえ、戦後初めて、実質的な「退役陸軍大将」の国務大臣が存在した事実は重大である。永野氏の辞任は、南京大虐殺等に関する「不適切な発言」を直接の契機としているが、結果的には、もともと国務大臣になりえなかった人物がその職から排除され、憲法六六条二項違反の状態が短期間に是正されたと見るべきだろう。国務大臣の任命は内閣総理大臣の専権事項であるから、憲法上疑義のある大臣任命を行った羽田首相の政治的責任は免れない。

六六条二項をめぐる諸説

憲法六六条二項は、「内閣総理大臣その他の国務大臣は、文民でなければならない」と定める。この規定は、憲法草案に当初なかったが、極東委員会(特に英ソ両国)の要請とGHQの意向を受けて、貴族院での修正の段階で挿入されたものである。いわゆる芦田修正との関係で、これを将来の軍隊設置を想定したものと解する向きもあるが、妥当ではない。憲法の統一性という観点から見れば、軍隊(戦力)を否定し、軍人の存在を想定していない憲法に「文民」条項が存在するのは、内閣構成員から軍事的思考と行動様式に支配された人物を排除することにより、平和主義をより徹底する趣旨と解すべきだろう。軍が政治に影響力を及ぼす制度的チャンネルとなった「軍部大臣現役武官制」のような仕組みを完全に否定するという趣旨も含まれている。

ところで、「文民」の解釈をめぐり、(a)から(f)までの説がある。

(a)「文民」=現役の軍人でない者。この説によれば、いかなる軍人も現役を退けば「文民」ということになる。だが、これでは六六条二項を置いた意味がなくなるため、支持者は少ない。

(b)「文民」=旧帝国陸海軍の職業軍人の経歴をもたない者。戦後、一般に職業軍人というとき、現役将校・下士官となった者を指す場合と、陸軍士官学校および海軍兵学校卒業者を指す場合とがあった。この説では「職業軍人」の定義は必ずしも明確ではないが、軍学校出身の将校の職歴をもった者、というのが一般的理解だろう。

(c)「文民」=職業軍人の中でも特に軍国主義の思想に深く染まった者を除いた者。この説は、戦後まもなくして、旧軍の下級将校出身者の中から閣僚が生まれる可能性が出てきたため、「非文民」の範囲を限定しようとする意図で主張された。ただ、思想の内容を問題にしている点や、判断基準が不明確であることから、学説上支持者は少ない。

自衛隊という事実上の軍隊が創設され、実質的な「軍人」が現に存在するようになると、旧軍のみを想定した(a)・(b)・(c)説では不十分となった。そこで、登場したのが(d)説である。

(d)「文民」＝国家の武装組織において現に職業上その構成員の地位を占めている者以外の者。(d)説では、現職自衛官は「文民」ではない。さらに、旧軍の職業軍人の経歴をもつ者が存在するという状況を踏まえて、(d)に(b)を加味したものが(e)説である。

(e)「文民」＝旧帝国陸海軍の職業軍人であった者および現職自衛官を除いた者。これに退職自衛官も含めるのが(f)説である。

(f)「文民」＝旧帝国陸海軍の職業軍人であった者および現職・退職自衛官を除いた者。

政府解釈はどうか。内閣法制局の解釈によれば、「旧職業軍人の経歴を有する者であって、軍国主義的思想に深く染まっていると考えられるもの」は「文民」でない。「国の武力組織である以上、自衛官は、その地位にある限り、「文民」ではない」が、「元自衛官は……「文民」にあたる」。この場合、旧軍人とのバランスが問題となるが、自衛隊に勤務しても、「軍国主義的思想に染まることはあり得ず、両者を同一視すべきでない」というのがその理由である(一九七三年一二月七日、衆議院予算委員会理事会配付資料)。政府解釈は、(c)＋(d)の立場といえよう。

実例を見ると、鳩山・石橋の両内閣の組閣段階で、野村吉三郎・元海軍大将が防衛庁長官にノミネートされたが、政府は(c)説、野党は(b)説を主張して対立。結局、「野村長官」は実現しなかった。なお、第二次田中内閣では元少佐と元中尉、三木内閣では元少佐と元大尉の計四名が国務大臣に任命されている。これらは基本的に(c)説に基づく処理であった。

退職幹部自衛官は「文民」ではない

今日、旧帝国陸海軍の職業軍人の地位にあった世代は高齢化が著しく、社会の第一線からはすでにリタイアしている。他方、憲法適合性については依然として未決着状態にあるとはいえ、自衛隊は四〇年以上も存在し、退職自衛官の数も相当なものとなった。その中から国務大臣が生まれる可能性も出てきた。かかる状況の下で、六六条二項解釈の焦点は、「文民」の範囲を(e)説の段階にとどめるか、(f)説にまで徹底していくかに絞られているように思われる。ただ、自衛官の職を離れた後も、国務大臣の地位から排除されるのは、社会的身分による政治的関係における差別(憲法一四条)であるとの見解もあるが、これは自衛隊の憲法適合性の問題をネグレクトする逆転した議論といえる。

前述の諸説の中では、筆者は(f)説をとる。ただ、退職自衛官についての一律的扱いは妥当ではあるまい。旧軍の兵・下士官であった者が問題とならなかったように、自衛官の場合も、「非文民」となるのは幹部自衛官(尉官以上)とすべきであろう。永野氏の場合は、元陸幕長(四つ星の将官)であり、その「非文民」性は際立っていた。

「大きくてギラリと光る「普通の国」」をめざす方向が強まっている現在、憲法六六条二項の存在意義は失われていない。

(『法学セミナー』一九九四年七月号)

第六章　軍事力によらない平和

1　平和論の今日的状況

はじめに

「冷戦の終結」と呼ばれる事態の展開のなかで、日本国憲法の平和主義をめぐる環境・状況は大きく変化した。こうした状況の変化の根底には、世界有数の“military power”となった日本のいわば“identity”と“normality”という相互に絡み合った二つの論点が、通奏低音のようにキープされている。(1)この二つは、国民国家の必要・十分条件の充足への衝動を伴って、この国の対外政策の方向と内容を規定しているだけでなく、国内的な民主主義や自由のありようにも微妙な影響を与え続けている。「普通の国」(normal state)という言い回しは、政治の世界では独特の意味合いと味付けで用いられてきたが、「ポスト戦後五〇年」のいま、一般市民レヴェルでも、“identity”と“normality”をバイパスしながら、「普通の国」への志向が強まっているように思われる。新たな「教科書問題」のなかで浮かび上がってきた「日本人としての誇り」「国家の尊厳」といった怪しげなショートカット。これらが、若者を中心に素朴に受容されるという傾向はそのあらわれの一つといえる。また、企業・団体から個々の市民に至るまで、「海外」への進出・展開は目ざましいが、なかには「国益」(「社益」)を体現したようなものも含まれている("locally think, globally act")。当面、「邦人(法人)救出」や「人道的な国際救援活動」などを媒介にしながら、国家の「普通の」対外的権能(武力行使を含む)の「回復」が企図されているように思われる。

こうしたなかで、戦後憲法学の平和主義論を、頑なで硬直的な「絶対」平和主義、あるいは現実を無視した「空想的平和主義」として単純化・戯画化して批判(非難)する傾向は、昨今では大新聞の社説にさえ登場するに至った。かかる状況は、憲法学の理論状況にもさまざまな形で投影している。とりわけ、戦後憲法学が展開してきた平和主義論を「特殊日本的」議論として控置し、「戦争と平和」の問題における「普通の議論」の必要性を説くことが、違和感なく行われるようになってきた。これをどう評価するかということそれ自体、重要な課題となるが、ここで立ち入る余裕はない。すでに憲法公布・施行五〇年との関わりでさまざまな理論的総括も行われている。(2)本節では、これらの総括を踏まえながら、憲法の平和主義をめぐる今日的課題をいくつかとりあげ、今後の課題の一端を示唆したいと思う。

一　「正義の戦争」と「公的武力行使」

I　国際法の歴史は、「正義の戦争」の克服の過程であった。古くはカトリック正戦論からイスラム正戦(聖戦)論を経由して、マルクス主義正戦論に至るまで、ある種の「危険な純粋さ」を内包する宗教や思想は常に、自己の教義に基づいて戦争を正当化してきた。(3) 一方、二〇世紀の国際法の展開のなかで、戦争の違法化は徐々に定着していく。国連が、武力行使(威嚇)の禁止を明確にすることで(憲章二条四項)、その流れはより確実なものとなる。日本国憲法九条は、さらにそれを戦力不保持にまで徹底することによって、戦争違法化の流れの一つの到達点を示すものとなった。だが、憲法制定後まもなく始まる「冷戦」によって、九条の理念はその実現を妨げられた。冷戦の主役はもっぱら「自衛権」であった。そこでは、「個別的又は集団的自衛の固有の権利」(憲章五一条)が主要な舞台装置となり、もろもろの「対抗的安全保障体制」(軍事同盟体制)の展開を支えていく。そのため、この時期の憲法学の平和主義論の主要正面は、「自衛権」論や、「自衛力」の合違憲性の問題に置かれることになり、他方、あるべき「安全保障」のありようをめぐる議論では、国連が過度に理想化される結果ともなった。

ところが、国連もまた、誕生の瞬間からその内側に「正義の戦争」観をセットアップしていたことが見落とされてはならない(憲章七章)。冷戦の開始によって、それが全面的に起動しなかっただけである。冷戦の終結により、国連の「正義の戦争」の側面が表にあぶりだされ、軍事力による平和回復が「切り札」として脚光を浴びるに至った。だが、冷戦による長い冬眠の結果、その「切り札」は十分には作動せず、変則的な形をとることになった。湾岸戦争はその端的な例である。国連安保理決議六七八号が「あらゆる必要な手段」を許可(authorize)した結果、ペルシャ湾岸に展開した英・米・仏・サウジアラビアの集団的自衛権に基づく行動を、「国連の軍事的・準軍事的行動に転換」するという巧妙な操作が行われた。(4) 国連の要請を拒否し、「ならず者国家」の制裁に参加しないのは無責任であり、「非国民」ならぬ「非国連」という勢いさえ生まれた(ソマリアの「平和強制活動」失敗を契機に、やや冷静さを取り戻したかに見えるが)。そこで設定されてきた問題軸を端的に言えば、「自衛」のための武力行使から、「国際的公共の福祉」実現のための武力行使(「公的武力行使」)へ、軍事力から「国際警察力」へ、内部問題不介入から「人道的介入」へ、ということになる。前提抜きで議論の土俵に乗れば、これらの点はすべてごもっとも、ということになりかねない。憲法の理念に照らして、慎重な検討が必要となろう。

国連憲章七章の「正規国連軍」が形成された場合、国連のレヴェルでは、それが行う武力行使は「公的武力行使」として正当なものと見なされる。だが、この国連軍に日本が兵員を派遣し、武力行使に関与することは可能か。憲法九条が「国権の発動たる戦争」のみを禁じており、「国連の戦争」は含まないとする立場もあるが、妥当ではない。憲法学が、一部を除き、国連憲章と日本国憲法との微妙なズレに十分自覚的であったかどうかが問われてくる。この点は、横田耕一が指摘する通りである。(5) 武力行使を伴う活動への参加・関与は、政府の対外政策的裁量の問題に還元されがちであるが、そのような裁量の次元にシフトしてはならないことを鮮明にしたところに、九条の存在意味がある。(6) そのことは、いわゆる「人道的介入」の問題をめぐって、今後も鋭く問われてこよう。

Ⅱ　「人道的介入」(humanitarian intervention)とは、人権侵害を理由にして、当該国の同意なしに、第三国が個別あるいは集団的に、かかる状況下にある人々の保護のための武力行使(威嚇)を行うことである。「人道的介入」といっても一様ではなく、安保理決議に基づく介入の諸形態から、「一方的人道的介入」(unilateral humanitarian intervention)という「国連により形式的に許可されない介入」(7) の形態に至るまでさまざまあり、しかも、発動ケースに応じてそれぞれ特有の問題を含む。安保理決議六八八号(クルド難民問題)が冷戦後の最初の注目ケースである。

「人道的介入」は、国内管轄権内にある事項への不干渉の原則(憲章二条七項)と、国家の独立と領土保全に対する武力による威嚇とその行使の禁止(同二条四項)との関わりで鋭い緊張関係に立つ。「人道的理由」から安保理に軍事的措置をとる権限が認められるのは、当該人権侵害行為が「平和に対する脅威」(憲章三九条)を構成するとされた場合である。「平和に対する脅威」概念の解釈にあたっては、国家主権の尊重との関わりで比例的たることが要請される。その意味では、国家主権原理は、安保理の軍事的措置権限を、結果的には制限することになる。(8)

国際人権の具体化・実現のため、国家主権概念の相対化を説くこと自体は正当としても、そこに「人道的介入」を持ち込むことに対しては、多大の慎重さと緊張感を要求されるのが国際社会(国連)の現実である。「人権に国境なし」という人権の普遍化傾向と、主権を有する国民国家の集合体という国連の現実態との狭間で、「人道的介入」は、国際法上のきわどい問題性を孕むテーマとして存在する。(9)日本国憲法上は、武力威嚇および武力行使を伴うような「人道的介入」の諸形態に参加することは許されない。安保理決議に基づく、「集団的な人道的介入」であっても、武力威嚇および武力行使の手段・方法を用いる限り同様である。「人権を通じた戦争のイデオロギー化」(10)への自覚が求められる所以である。

Ⅲ　これと関連して、坂本義和の最近の論文(「相対化の時代」)が注目される。(11)坂本は、「軍事力によらない平和」の構想に関しても、早い時期からさまざまな提言を行ってきており、その主張は憲法九条論の領域にもさまざまに影響を与えてきた。

坂本論文は、冷戦以後を「相対化の時代」と規定し、特に一九九二年頃をターニングポイントとして、「ポスト冷戦第二期」に入り、さまざまな「相対化」が生じているとする。ここでいう

「相対化」とは、さまざまな対象や問題を、「不変性・不動性ではなく可変性」において捉え、「比較秤量不能性・置換不能性ではなく比較・置換・選択可能性の枠組みで意味づけ」ることと定義される。「憲法の相対化」も論じられるが、その意味づけの「主体」の「原点」までもが「相対化」されるわけではないとの立場から、憲法の基本原理のいわば「絶対性」は否定されてはいない。「相対化」の担い手やその方向・内容への自覚も明確であり、国家権力を含めあらゆるものの商品化を基本とする「市場」と、社会関係と歴史過程の人間化を基本とする「市民社会」との明快な切りわけを軸にした時代認識と分析は示唆に富む。

国連保護軍の米軍車両．現クロアチア「セルビア人自治共和国クライナ」にて（1996年8月，芦沢宏生氏撮影）

　ここでは問題点を一つだけ指摘しておく。それは、「武力による平和」の限定的有効性を、この局面でもあえて打ち出した点である。もともと坂本のスタンスは、「国民の多数が、心理的な安全感のためのものであるにしろ、何らかの国家レヴェルの防衛組織があることを望むのであれば、それをまったくゼロにしなくてはいけないという考え方は、必ずしも私はとらない」というものであった。[12] 今回は、冷戦終結後の国際的な場面での具体的な武力行使の可能性を承認している。坂本は、ボスニアの市民殺戮などの例を挙げながら、次のようにいう。「国際的な強制力の局地的・限定的な行使が、平和や人権の確立の前提条件づくりとして、相対的有効性をもつ場合がある」[13]と。ここでは、三つの問題がある。まず、「国際的な強制力」には、憲章七章に基づく国連軍から、安保理決議を受けて、かつ集団的自衛権に基づき展開した「多国籍軍」まで、論理的には含まれる。次に、そうした「強制力」が、地域的に極めて限られたところに、しかも部分的に使用される場合であっても、軍事の常として、また現代兵器の特性に鑑み、必ずしも「限定的な行使」にとどまるという保証はない。さらに、「相対的有効性」という消極的評価にとどめているが、安保理のありようや、NATOの東方拡大との脈絡で見れば、かかる「強制力」の効果に対する評価は過大にすぎるように思われる。「連日市民が殺戮されるという事態には目をつぶるということなのか」、「他の人が死んでいくことについて、何もしなくていいか」という発問の仕方も、論文全体の理性的な論理展開からすればやや違和感がある。この部分は、「憲法の相対化」という響きと絡み合って、「曲読」されかねない危うさを感ずる。日本に関していえば、どのような場合でも、憲法上、武力行使という手段をとりえないということは、相対化されざる一線にほかならない。その意味では、戦後憲法学が形成した学説の存在意味は失われてはいない。

である。

二　憲法九条二項の射程

I　もう一つの問題は、「正義の戦争」や「公的武力行使」を担う実力組織（軍隊）の憲法的評価である。

早い時期から、坂本は、中立諸国の部隊からなる「国連警察軍の日本駐留」と、「大幅に縮小された自衛隊を国連警察軍の補助部隊として、国連軍司令官の指揮下に置く」という提案を行っていた。(14) この立場は、冷戦後の新しい事態のもとでは、PKO別組織論として展開されている。(15) 自衛隊の問題を国連との関わりでとらえていく視点は、小林直樹の主張とも重なり合い、(16) 深瀬忠一の議論にも少なくない影響を与えている。(17) その坂本の議論を、憲法との関係への自覚が不十分なままに定式化し、そのウィークポイントを肥大化させたのが「平和基本法」提言であった。(18)

最近では、多機能化した集団として、さらには「国際警察官」としての役割・機能を軍事力の新しい正当化根拠として打ち出し、自衛隊を「再定義」しようとする試みも生まれている。(19) その意味では、自衛隊に対するリアルな認識が憲法学の側にも求められている。ただ、強調しておきたいことは、現在においても、将来的に自衛隊の縮減等の措置を行っていく場合でも、自衛隊を合憲とする必要はまったくないということである。違憲の国家行為はどこまでも違憲である。栗城壽夫がいうように、「有効とされているけれども違憲・違法としてとらえ続けるほうが、憲法の〝よりよい具体化・現実化〟を一層強力に推進するうえで重要」であるという視点は忘れられてはならないだろう。[20]

Ⅱ　他方、「将来」の問題については、憲法九条二項の「相対的」解釈の問題が残る。自衛戦争も自衛戦力も否定する立場は一貫しつつも、その結論を導く前段の部分では、「国家の基本権としての自衛権を放棄することは不可能」という立場がある。[21]この立場は、安保条約体制から離脱ののちの「独立・平和・中立」の日本においては、一定の自衛措置の必要性を肯定する。この立場を一貫させれば、九条二項は「憲法改正限界」にカウントされない(その意味では、「民主的政権」のもとでの改正を留保している)。これが「さしあたり論」と呼ばれるものである。そこで想定される「あるべき自衛(措置)」の具体的内容は必ずしも明確にされてこなかったとはいえ、何らかの実力組織(軍隊)の道は否定されてこなかった。[22]樋口陽一は、平和の問題を、国家の問題から自由の問題にシフトさせることで、「民主的国家」による平和の実現という議論に含まれるある種の危うさを鋭く突き、「国民という集団へのオプティミズム」を批判した。[23]この点で想起されるのは、カントが共和制の平和的性格を主張したが、国民国家の凶暴性の問題に対する自覚は必ずしも十分ではなかったということである。対内的な民主的状態が国家の対外的な平和的姿勢を基礎づけるということは一般的にはいえるとしても、国民国家は決して平和的ではなかった。[24]

国家である以上、本質的に同様の問題が生ずるという自覚が必要だろう。「国家の基本権としての自衛権」という表現は、立憲主義の立場に立つ限り用いられるべきではない[25]。日本国憲法は「自衛権」観念を否定し、かつ九条二項で一切の軍事的選択肢を遮断したと解すべきであり、九条二項も憲法改正限界にカウントされるべきだろう。もっとも、「さしあたり論」は、その有力な主張者が、「九条の先駆的意義」の強調を媒介にしながら、将来にわたりいかなる軍事的選択肢もとらないという方向(その意味では、九条二項を憲法改正限界に含める)になし崩し的に転換したため、その歴史的使命を終えたといえるかもしれない[26]。

Ⅲ　ついでにいえば、「自衛(措置)」の問題だけでなく、安保体制からの離脱を説く側でも、国家主権や「民族の権利」の回復に急なあまり、個人の視点が必ずしも十分にキープされておらず、その意味で、国家に対して「もう一つの国家」を対置するという発想に重点があったように思われる。

最近、浦部法穂は、平和主義論における「さしあたり論」の放棄を明確にしつつ、個人の視点を一貫させた平和主義論を展開している[27]。この個人の尊重に徹する平和主義論は、久田栄正の「平和的生存権一三条説」によって先鞭をつけられたものだった[28]。久田はフィリピンにおける悲惨な戦場体験によって、浦部は阪神・淡路大震災の被災体験によって、ともに同じ結論に到達したのは興味深い。浦部の結論が、「さしあたり論」に対する最終的訣別とほぼ同時だったことも、偶然ではないだろう。

なお、ここでは詳述できなかったが、沖縄の問題は、平和主義の問題の焦点であると同時に、それと国家主権との接点にある問題でもある。古関彰一が、「日本国憲法の平和主義、なかでも軍備不保持は、沖縄の基地化抜きにはありえなかった[29]」というように、憲法学にも、地方への目配り一般に還元されない、「国家＝中央政府の視点」からの離陸が求められている。

三 「ポスト憲法五〇年」の平和主義の課題

最後に、「ポスト憲法五〇年」の平和主義の課題を簡単に述べておこう。

まず第一に、「安全保障」観のパラダイム転換の必要である。「国家自衛権から国民の平和的生存権へ」という方向性は、すでに憲法三〇年の際に指摘されていた[30]。憲法五〇年の時点では、「人間の安全保障」(human security) という観念が注目される。これは、国連開発計画(UNDP)の「社会開発サミット」の準備文書『人間開発報告書 一九九四年』に登場したものである[31]。

そうした観念の基礎には、大局的な世界の変化が挙げられる。五〇年代からC・F・フォン・ヴァイツゼッカー(ドイツ前大統領はその実弟)が説いてきた「世界内政治」(Weltinnenpolitik)は、近年では、地球規模での環境危機などを含めた広い構成をとるようになった。この方向は、「社会世界」(Gesellschaftswelt)、「世界社会」(Weltgesellschaft)、あるいは「グローバル・ガヴァナンス」(global governance)といった概念を用いる理論的試みとも重なり合う。[32] それはまた、R・フォークのいう「下からのグローバル化」――世界貿易や地球規模の投資といった「上からのグローバル化」に対置される、国境を超えた民主主義的な諸力の同一化――とも共鳴する。[33] さらに、市民的公共性の構造転換におけるインターネットの役割などの意味づけも課題となる(ネットワークで結ばれた「地球市民社会」)。こうした視点から、憲法学のレヴェルでも、「安全保障」観の転換が急務である。

第二に、「平和」におけるアクターの問題である。従来、「人道的介入」を法概念として見た場合、介入の主体となりうるのは諸国家ないし国際機関のみであって、私的なアクター(団体等)ではないとされてきた。だが、すでに見たように、国家が、軍事力を用いて、個別的・集団的に他国に介入する時代は終わりつつある。これからは、国際機関との綿密な連携のもと、NGOや自治体(自治体連合)が、非軍事的な手段・方法を駆使して、「人権」の実現のための「介入」をなすという面が一層注目されていくだろう。[34] この点では、「市民社会」が「たえず市民自身が再定義していく歴史過程」という坂本の指摘は重要である。

第三に、「将来、平和政策はより一層、法政策たらねばならないだろう」[35]といわれるように、憲法学も、平和のための憲法政策論の積極的提示が求められている。平和研究の側でも、さまざまな平和構想が示されている。たとえば、「直接的平和」「構造的(間接的)平和」「文化的平和」という形で平和概念を区別しながら、「平和的手段による平和」の構想をきめ細かく提示する研究も生まれている。[36] 憲法学も、「軍事力によらざる平和」の憲法構想を具体的に打ち出していく必要がある。[37] その場合、「相対的有効性」としてであれ、軍事力の行使の積極的意味づけ(当然、その行使主体のありようの承認にまで連動する)を伴う必要性はない。また、「他国を含めた周辺地域の平和を危うく」する[38]という理由で、大規模な軍縮の展開に過度の抑制を働かせる必要はないであろう。むしろ、この憲法の無軍備平和主義の理念に徹することが、「個別国家の対外関係の立憲主義化」を経由して、「国際社会の立憲主義化[39]」へと向かう確実な道といえるのではなかろうか。

(1) Cf. G. D. Hook, *Militarization and Demilitarization in Contemporary Japan*, London and New York, 1996, p. 1.
(2) ここでは、樋口陽一編『講座・憲法学2』日本評論社、一九九四年(特に樋口、浦田一郎論文)、樋口ほか編『憲法理論の50年』同、一九九六年(特に浦部法穂、澤野義一論文)、『法律時報』一九九六年五月号(特に樋口、栗城壽夫、古川純、森英樹の各論文)を挙げておく。
(3) Vgl. R. Steinweg (Hrsg.), *Der gerechte Krieg: Christentum, Islam, Marxismus*, Frankfurt/M. 1980, S. 13-205.
(4) 筒井若水『国連体制と自衛権』東京大学出版会、一九九二年、一三四頁。

(5)　横田耕一「日本国憲法と国際連合——「集団的安全保障」と「中立」を中心に」、小林直樹古稀記念『憲法学の展望』有斐閣、一九九一年。
(6)　樋口陽一「戦争放棄」、前掲『講座・憲法学2』特に一二六—一三一頁。
(7)　S. D. Murphy, *Humanitarian Intervention : the United Nations in an evolving world order*, Philadelphia, 1996, pp. 355-393.
(8)　くわしくは、Vgl. H. Gading, *Der Schutz grundlegender Menschenrechte durch militärische Maßnahmen des Sicherheitsrates — Das Ende staatlicher Souveränität ?*, Berlin 1996, S. 231f.
(9)　この部分は、拙稿「「人道的介入」の展開とその問題性」、浦田賢治編『立憲主義と民主主義』三省堂、近刊、参照。
(10)　St. Brunner, *Deutsche Soldaten im Ausland*, München 1993, S. 128ff.
(11)　坂本義和「相対化の時代」『世界』一九九七年一月号、三五—六七頁。
(12)　坂本義和『軍縮の政治学』岩波書店、一九八二年、一五二—一五三頁。
(13)　坂本、前掲注(11)、五六頁。
(14)　たとえば、坂本義和『核時代の国際政治』岩波書店、一九六七年、二〇頁以下。
(15)　坂本義和「平和主義の逆説と構想」『世界』一九九四年七月号、三三—三六頁。
(16)　小林直樹「憲法九条の政策論」『法律時報』一九七五年一〇月臨時増刊号、一三一—一五九頁。
(17)　深瀬忠一『戦争放棄と平和的生存権』岩波書店、一九八七年、同編『平和憲法の創造的展開』学陽書房、一九八七年。
(18)　『世界』一九九三年四月号、五二—六七頁。
(19)　田村典彦(二等陸佐)「国家はなぜ軍事力を持つのか——軍事力の存在理由と存在意義　2」『陸戦研

究』一九九六年五月号、六〇頁。
(20) 栗城壽夫「「解釈改憲」というとらえ方の理論的問題点」『法律時報』一九九六年五月号、二一一頁。
(21) 長谷川正安『国家の自衛権と国民の自衛権』勁草書房、一九七〇年、四一頁および二二頁。
(22) 和田進「戦後諸政党と憲法・憲法学」、樋口陽一編『講座・憲法学』別巻、日本評論社、一九九五年、二八六―二九一頁参照。
(23) 樋口、前掲注(6)、一二二頁。
(24) J. Habermas, Kants Idee des ewigen Friedens — Aus dem historischen Abstand von zweihundert Jahren, in: M. L.-Bachmann/J. Bohman (Hrsg.), *Frieden durch Recht*, Frankfurt/M. 1996, S. 12; *Kritische Justiz* 3/1995, S. 297f.
(25) 栗城壽夫「立憲主義と国家主権」『法律時報』一九七五年一〇月臨時増刊号、七八頁、山内敏弘『平和憲法の理論』日本評論社、一九九三年、二一七―二四三頁、浦田一郎『現代の平和主義と立憲主義』同、一九九五年、一三九―一四八頁参照。
(26) この点は、和田、前掲注(22)、二八九頁が批判している。
(27) 浦部法穂「五〇年目の「平和主義」論」『法律時報』一九九六年二月号、二五―三一頁(前掲『憲法理論の50年』所収)。
(28) 拙著『戦争とたたかう――一憲法学者のルソン島戦場体験』日本評論社、一九八七年、四三三―四三四頁。
(29) 古関彰一「沖縄にとっての日本国憲法」『法律時報』一九九六年一一月号、一四頁。
(30) 山内敏弘「戦争の放棄」『法律時報』一九七七年五月臨時増刊号、二一五頁。
(31) An Agenda for Development — Report of the Secretary-General, A/48/935, 6 May 1994, in:

http://www.nu.org/plweb-cgi/.

(32) Vgl. U. Bartosch, *Weltinnenpolitik — Zur Theorie des Friedens von Carl Friedrich von Weizsäcker*, Berlin 1995, S. 377f.

(33) R. Falk, Die Weltordnung innerhalb der Grenzen von zwischenstaatlichen Recht und dem Recht der Menschheit — Die Rolle der zivilgesellschaftlichen Institutionen, in: *Frieden durch Recht*, S. 177f.

(34) 拙稿、前掲注(9)参照。

(35) Vgl. U. Albrecht, Verrechtlichung von Frieden, in: http://userpage.fu-berlin.de/$arend/ami-7-96-a.html.

(36) J. Galtung, *Peace by Peaceful Means*, International Peace Research Institute, Oslo, 1996, pp. 265-274.

(37) 拙著『現代軍事法制の研究——脱軍事化への道程』日本評論社、一九九五年、終章参照。

(38) 長谷部恭男『憲法』新世社、一九九六年、七三頁。

(39) 栗城壽夫「立憲主義の現代的課題」『憲法問題』四号、一九九三年、二一頁。

(『法律時報』一九九七年五月号)

2　平和憲法の規範力と積極的平和

一　平和憲法の規範力とは

(1) 立憲平和主義

立憲主義の核心は、権力への抑制にある。人権保障の本質も、諸個人に国家からの自由を確保するという点にある。日本国憲法の平和主義は、戦前に猛威をふるった国防権力からの完全な解放をうたったものである。その内容は、(1)自衛戦争を含む一切の戦争の放棄、(2)直接・間接に武力を用いた手法の放棄(武力行使・威嚇)、(3)戦争や武力行使・威嚇を担う軍隊および軍隊類似組織の不保持、(4)戦時国際法上、交戦者に与えられる諸権利(相手国船舶の臨検・拿捕《だほ》等々)の否認、そして、(5)平和的生存権の保障、である。日本国憲法の徹底・周到な平和主義は、別の表現をとれば、平和的な国家のありようを憲法的に要請しているという意味で、「立憲平和主義」ということができよう。国連憲章は、最終的に軍事力(武力)による平和の維持・回復を予定している。これとの対比でいえば、日本国憲法は、軍事力(武力)によらない平和の確保を目標とする国家のありようをデッサンしたものといえるだろう。

こうした理解に対しては、少なくとも二つの点から批判がありうる。一つは、日本国憲法のような平和主義を採用する憲法がその後の世界に誕生しなかった、という批判である。非武装憲法といわれる中米コスタリカ憲法(一九四九年)も、常備軍の禁止を定めながらも(一二条一項)、防衛目的の軍隊の組織を認めている(同三項)。したがって、事実の問題としていえば、日本国憲法の平和主義のフォロワー(追随者)はまだ存在しない。だが、長期的視野で見た場合、世界軍縮への巨大な歩みのなかで、国家のレヴェルで徹底した平和のありようを掲げた日本国憲法の歴史的先駆性は、決して過小に評価されてはならないだろう。

二つ目の批判は、現に自衛隊が存在することをもって、憲法の想定する平和主義は半世紀にわたって実現しなかったとする批判である。もとより、憲法規範とそれに反する現実(違憲の現実)というものは、いずれの時代、いずれの国家においても存在する。問題は、そのような規範と現実とのずれをどのように調整・解決していくかということである。違憲の現実の存在は、規範の無力を意味しない。

(2) 平和憲法の規範力

ここで、ドイツの憲法学者で、連邦憲法裁判所裁判官も務めたK・ヘッセの「憲法の規範力」に関する見解を見ておこう(K. Hesse, *Grundzüge des Verfassungsrechts der Bundesrepublik Deutschland*, 20. Aufl., Heidelberg 1995, S. 17-19. 阿部照哉ほか訳『西ドイツ憲法綱要』日本評論社、一九七五年、一九―二二頁)。

ヘッセによれば、憲法の規範力とは、「歴史的生活の現実において規定的かつ統制的に作用する憲法の機能」と定義される。憲法の規範力は、次の二つのことにより条件づけられる。すなわち、一方で、憲法の内容の実現可能性である。憲法の生命力は、「憲法が時代の自発的な諸力や活力あふれる諸潮流と結びつくことができるかどうか」にかかっている。他方で、憲法の規範力は、「憲法の内容を実現しようとするそのときどきの現実的意思」にかかっている。すなわち、憲法の「内容を拘束力あるものとみなす心構えと、抵抗を押しのけてでもこの内容を実現しようとする断固たる決意にかかっている」のである。国家権力は他の法のようには、憲法の実現に熱心ではない。それゆえ、なおさら、「憲法の内容を実現しようとする現実的意思」が重要となる。この意思は、「憲法への意思」(Wille zur Verfassung)と呼ばれる。

これを筆者なりに読み解くと、こうなる。憲法が規範力をもつためには、憲法自身が、時代を担う市民の力と結びつくことのできる内容と魅力をもっているかどうかに依存している。これが客観的条件である。同時に、違憲の国家行為などの存在にもかかわらず、憲法の内容を実現しようとする市民の側の強い意思と姿勢があるかどうかも重要となる。これが主体的条件である。憲法の内容がどんなに良くても、市民の側にそれを実現しようとする意思がなければ、画に描いた餅となってしまう。市民の側に「憲法への意思」がどれだけあるかが「決定的に重要」となるわけである。

では、憲法規範に反する現実が存在することについて、どう考えたらよいか。ヘッセはいう。「憲法に違反する憲法現実というものは存在しない。実定憲法と憲法現実との間の矛盾を主張することは、真の問題状況を不明確にするばかりか、あとに引き延ばす役割を果たす。すなわち違憲の現実を憲法現実と称することにより、この現実に規範力が付与され、この規範力が《現実》の規範力としてはじめから、《法》の規範力に優越するとみなされる。したがって違憲の現実を憲法現実と称することは……憲法に反する道の選択であり、この選択は実定憲法的考察にとっては無益である」。

たとえば、自衛隊の存在は、単に憲法に違反する事実がそこにあるということであって、どんなに自衛隊が巨大化しようとも、それだけでは憲法現実になるわけではないということである。「そのような〔憲法に違反する〕現実に注意の目を向け、違憲の現実の発生を阻止したり、発生した現実を再び憲法と一致させるために必要なことをなすことこそ、まさしく重要なのである」。

憲法改正という形で、規範と現実との「一致」をはかるのか、それとも、違憲の現実を解消して、憲法規範の内容を実現するのか。「憲法への意思」という脈絡でいえば、安易な憲法改正による違憲の事実の正当化ではなく、違憲の事実の解消に向けた粘り強い努力こそ求められているのだ。

この点では、A・ディフィリポ(米リンカーン大学教授)の見解が注目される。「戦争の恒久放棄は称賛すべき憲法的取り決めであり、国民的基準と同時に世界への模範として掲げられるべきである。米国を始めとする国際社会に受け入れられるために九条を放棄して国際平和維持に活発に参加しようとすることは無謀である」。ディフィリポによれば、「地球的安全保障面で主導的な責任を果たす」ためには、「正統的な地球的軍縮の議題(単なる軍備管理ではなく、本当の軍備縮小のための絶えざる過程)」と、「本当の国連集団安保体制の具体的な構築」をめざして積極的な行動に出ることが必要である、という(『朝日新聞』論壇、一九九七年二月一三日付)。

ディフィリポがいうように、憲法九条は「世界への模範」として存在している。日本が憲法九条を改正して、軍事的役割を積極的に果たす国へと「離陸」することは、軍縮に向かう世界の歩みに決してプラスには作用しない。むしろ、軍隊をもつ「普通」の状態に九条の規範を低く揃えることによって、世界は「模範」を失うことになる。自衛隊という軍隊が存在する限り、違憲状態は続く。しかし、この違憲状態がどんなに長く続こうとも、憲法九条が憲法規範としての同一性(アイデンティティ)を確保し続けるという事実が重要なのである。それに加えて、市民の側に「憲法九条への意思」が存すること。平和憲法の規範力はそこに大きく依存しているといえるだろう。

二　軍隊必要論の諸相――井沢元彦氏の議論を例に

(1) 軍隊を認めないのは非常識？

日本国憲法九条に対しては、半世紀にわたって、さまざまな批判が加えられてきた。ソ連脅威論が巷に溢れていた時代においては、いまにもソ連軍が北海道に上陸するかのような議論が流布され、九条の擁護を説く議論に対して「非現実主義的」という批判が浴びせられた。ソ連の消滅により、最大の仮想敵国を失ったいまも、新手の九条批判が登場している。もっとも、議論の仕方はいたって素朴で陳腐である。この論点でとくに元気がいいのが、作家・井沢元彦氏である。井沢氏は、水島編著『きみはサンダーバードを知っているか』(日本評論社、一九九二年)を、「「護憲教」の産物」と批判する。そして、筆者に対して、軍隊の存在を憲法上認めない憲法学者の「非常識」を論難する。だが、井沢氏の「常識」というのはきわめて単純で、「武器なしには平和は守れない」の一点に尽きる。そのヴァリエーションは、「武器をもつものへの差別意識」論という、やや穿ちすぎの見方である。「日本人の心中に潜む、軍隊を忌み嫌う「宗教的信念」」という物言いもある。いずれにしても、憲法研究者の議論に対する批判としては、かなり無理なこじつけといわざるを得ない(筆者への直接の批判としては、井沢『虚報の構造』小学館、一九九四年、同『穢れと茶碗――日本人は、なぜ軍隊が嫌いか』祥伝社、一九九四年)。井沢氏はまた、阪神・淡路大震災時の自衛隊活用論を批判した筆者の論稿に対して、自分も自衛隊は違憲と考えているが、「むしろ憲法(特に第九条)の方を「解体」すべきだと考えている」と反論する(『逆説の日本史 4』小学館、一九九六年)。こうした議論が、さまざまなメディアを使って繰り返し流されている。議論に何の新味がなくても、繰り返し流されることによるアナウンス効果は無視できない。そこで、以下、若干の点について応答しておきたい。

(2) 軍隊必要論のジレンマ

井沢氏の議論においては、まず第一に、軍隊絶対必要論ともいうべき頑迷な思考方法が問題とされなければならない。井沢氏のような議論は、ソ連脅威論全盛期にも繰り返し流布されていたが、一体いま、どのような脅威が、どの方面で、どのように生まれているのか、その証明がない。いたずらに危機を煽る「オオカミ少年」はどちらか。北朝鮮のテロ組織や、中国の「軍拡」などの例を羅列しても、ソ連軍の「侵攻」を想定して作られた、骨格みの「冷戦組織」である自衛隊のいまの規模と装備を正当化することはできない。北朝鮮「崩壊」に伴う「武装難民」の流入をいっても、イージス艦やP3C対潜哨戒機一〇〇機体制など、超高価な装備はほとんど役立たない。百八歩譲って、かかる難民が流入してきたとしても、不法越境や難民への対処は海上保安庁の所管であり、かつそれで十分対処可能である。問題なのは、どこかの国が攻めてくるといった極端なケースを想定することではなく、軍備放棄によって選び取られた、この国の対外関係の平和主義的ありようを、憲法の方向に引き戻すことなのである。

第二に、軍縮における「世界への模範」(A・ディフィリポ)という側面が憲法九条にはある。井沢氏の「現実主義」はその点を見ていない。冷戦後の世界がただちに軍縮に向かうのではなく、「軍拡」傾向が一部の国に生じていることは確かだとしても、全体として見れば、世界は軍縮の方向に向かっている。ボン国際軍民転換センター年次報告『軍民転換概観　一九九六年版』によれば、世界一五一カ国中、八二カ国が何らかの軍備縮減を行い、五九カ国が軍拡を行い、一〇カ国が現状維持だったという。過半数の国々が軍縮に向かっている事実がある。また、八六年から九四年にかけて、アメリカの軍事費は量的には二一%減少したが、「潜在的敵国」の方が減少の度合いが高かった結果、世界軍事支出に占めるアメリカの割合はその間、二八%から三四%に増加している。つまり、日本の「同盟国」アメリカが、世界の軍備の三分の一以上を占めているのである。

第三に、井沢氏は北朝鮮などの存在を挙げて軍隊の必要性を説くが、日本に軍隊を大規模に駐留させ、基地周辺住民の生活を侵害しているアメリカに対しては何もいわない。アメリカは、アジア太平洋地域に、一〇万の軍隊を引き続き駐留させる方針を明確にしたが(一九九七年四月五日、コーエン国防長官発言)、これに対しては、C・ジョンソン日本政策研究所所長もこう批判している。「アメリカは、アジア太平洋地域における軍事紛争の脅威を最小限に止めるため自軍を駐留させているとと主張しながら、他方で地域諸国に対する武器販売を積極的に進めている。こうしたアメリカの放火と消火こそ、地域の軍拡競争の真の原因なのだ」(『琉球新報』一九九七年四月八日付社説)。火付けをやって、近所に消火器を売り歩くという構図である。日本もこの「冷戦後のマッチポンプ」に加担している。ところで、『沖縄タイムス』は、沖縄の「恥辱の歴史」を辿りながら、「誇れる歴史を築こう」と書いている(一九九七年三月六日付社説)。「自虐史観」批判には雄弁な井沢氏も、沖縄の「恥辱の歴史」について寡黙なのはどうしたことか。沖縄では、戦前の旧日本軍(第三二軍)がやったこと、戦後米軍がやってきたことを通じて、軍隊そのものを拒否する傾向が全国一強い。沖縄の人々のその気持ちは、軍隊絶対必要論の井沢氏には届かないようだ。日本は、「徴兵と連邦税のない米国第五一番目の州」といわれるほどの過度の「対米貢献」をしている(吉田和男『冷戦後の世界政治経済』有斐閣、一九九二年、二五一頁)。「自虐」をいうならば、アメリカに対する卑屈な姿勢こそ問うべきだろう。

第四に、国際政治のカードとして軍事力を用いる手法を一切放棄した日本国憲法の画期的性格を見ていない。憲法九条は、武力行使・威嚇や戦力の不保持などを通じて、軍事力を背後にちらつかせた対外政策的手法を一切否認した。いま、新防衛大綱や、新しいガイドラインの策定などを通じて、米軍の後方支援体制を整備するとともに、緊急展開能力を持とうとしている。柔軟で機動力を備えたハイテクの小規模部隊(緊急展開部隊)を熊本の第八師団に置き、それを移送する能力(八九〇〇トン級輸送艦「おおすみ」)を備えたのもその一例である。これは、海外の邦人(法人)の救出作戦を展開するだけでなく、日本の「国益」が海外で侵害されたとき、日本の国家意思を当該地域に貫徹するための「デモンストレーション用装置」である。その意味で日本は、「普通の国」への道を確実に歩んでいる。憲法九条はそうした行き方とは根本的に対立する。

第五に、軍隊がなければ、「万が一」のときに無責任だという議論について。これに対しては、「では、軍隊があったら本当に市民の安全と平和が守れるか」と問い返したい。井沢氏の議論では、軍隊があれば安全だということが自明の前提にされている。だが、前述したように、沖縄の人々の軍隊拒否の論理は、軍隊が安全を守るというより、自国の軍隊そのものが安全の脅威になったという歴史的体験に根ざしている。「自衛戦争」であっても多くの人々が死ぬ。戦争という手段は、守るべきものも破壊してしまう危険性を内包している。核時代にはとくにそうである。「正義の核戦争」は存在しえない。それゆえに、日本国憲法九条は、戦争という選択肢をあえて放棄したのである。軍隊をもつことで安全が保たれるという発想そのものが根本的に問われているのである。冷戦後、軍隊や軍事同盟がどうしても必要だという人々は、ある種のこじつけをやっている。その点を鋭く突いたのが、R・P・ドーアである(『東京新聞』一九九七年二月一六日付)。「NATOの過去七年間の歴史から得られる教訓。それは何かというと、ハッキリした敵に対する防衛同盟がつくる軍事機関は、その元の使命を失っても、組織の惰性で、恐ろしい生存力を示し、新しい敵、新しい使命を見いだすのに成功し得る。同じくソ連を仮想敵国としてつくられた日米安保の軍事提携も、自衛隊や米軍の中に、必死になって体制維持を図ろうとする勢力を生んだ。その軍事体制の中から、中国包囲という新しい使命を、生存方法として見いだそうとする動きに警戒した方がよい」。

これにならっていえば、冷戦後の軍隊必要論はまさに「思考の惰性」である。新しい条件のもとで、軍縮に向けての具体的議論を始めることこそ肝要だろう。

では、軍事力によらない平和は、どうしたら可能か。以下述べよう。

三 「軍事力によらない平和」をめざして

(1) カント『永遠平和のために』のメッセージ

カントがすでに約二〇〇年前に、軍事力によらない平和のメッセージを発信していた。『永遠平和のために』(*Zum ewigen Frieden*)がそれである。カントは、常備軍の段階的廃止を主張し(第三条項)、軍備拡大による軍事費増大や軍隊の保有それ自体が、先制攻撃の原因になることを鋭く指摘した。そして、国家が殺人目的で人間を雇い、人間を道具として扱うことは人間性の権利と調和しないことを強調した。カントの倫理学の定言命法では、人間は自他の人格をつねに目的それ自体として扱うべきであって、単なる手段として扱ってはならないからである。

さらにカントは、国家間では、いかなる懲罰戦争も考えられないとし、殲滅《せんめつ》戦では、双方が同時に滅亡し、それとともにあらゆる正義も滅亡するから、永遠平和は人類の巨大な墓場の上にのみ築かれることになろう、と指摘しつつ、このような戦争と、そうした戦争に導く手段の使用は、絶対に禁止されなければならないと述べた(第六条項)。

永遠平和への道のりは、(1)国内体制に関しては、共和制の確立(第一確定条項)、(2)国際体制に関しては、自由な諸国家の連合制度の確立(第二確定条項)、(3)世界市民法に関しては、普遍的な友好権の確立(第三確定条項)、を強調している。

カントの平和論は、今日にもなお当てはまる重要な問題提起を含んでいる。とくに、国内体制のありようを、対外的な関係に連動させていく視点は重要である。国内で民主主義を抑圧している国が、対外政策において平和的であるはずはない。逆に、対外政策を平和的にするためには、国内的な民主主義の確立が必要である。もちろん、国民国家それ自体が必ずしも常に平和的というわけではなかった。しかし、国内の民主的政治過程が確立されれば、戦争への道を阻止することも可能となり、その意味では両者は大いに関係があるといえよう。

(2)「軍事力によらない平和」の三つのコンセプト

「軍事力によらない平和」のコンセプトとして、まず第一に、仲裁・交渉・和解の粘り強い追求がある。この場合、仲裁をなす者(機関)は、紛争当事者に対して中立の立場をキープすることが絶対に必要である。一般の市民生活でも、こじれた夫婦間の争いは、調停という方法によってかなりの程度解決している。夫婦間の紛争も、下手をすれば「武力の行使」になる場合も出てきて、けがをする人もいる。そこで、家庭裁判所の調停という場が重要になるのである。第三者である調停委員が間に入って、当事者が話し合えば、長期にわたってこじれた問題でも、少しずつ誤解を解いていくことが可能となる。粘り強い調停の結果、両者が和解するケースも少なくない。もちろんそうでない場合もあるが、この第三者を介した話し合いというのは、国際関係においても重視されている。当事者だけだと、どうしても利害が対立したり、フィーバーしたりして、解決がむずかしい。公正・中立の第三者が間に入ることで、冷静に話し合いができ、またお互いの言い分を理解する条件もできる。これが仲裁機能の重要な点である。国際司法裁判所ももっぱら国家間の仲裁機能を主たる任務としている。紛争の解決においては、まずこの仲裁・交渉・和解という手続が徹底して追求される必要がある。

(3)「平和のエンジンブレーキ」

第二に、それぞれの国や民族の内部に平和的世論をつくること、そして、その内部の平和的世論と国際的な平和を求める世論とが連帯して、平和のためのネットワークを形成することである。これを「平和のエンジンブレーキ」とよぶ。外側から圧力でブレーキをかけるのではなく、その国の内側にある力それ自体を使ってブレーキをかける。車でたとえると、ギアを三速《サード》や二速《セカンド》に入れて、抵抗を大きくしてやることで、エンジン自体の内部で速度を落とす力が働く。これをエンジンブレーキという。地味ではあるが、大変重要な視点である。紛争解決のため、外から急ブレーキをかけると、当然軋《きし》みも出る。「人道的介入」による軍隊の投入などがこれにあたる。下手をするとスピンして思わぬ方向にぶつかる危険もある。各種の紛争の場合、人々の気持ちも凍りついて、憎しみが突出していることも多いから、そうした「凍結路面」での急ブレーキは思わぬ反発を買う。雪道にはエンジンブレーキが奨励されるのは、外から無理な力を加えて、摩擦を大きくして止めるのではなく、エンジンの内側に抵抗力を自らつくり出して止まるようにもっていく。そうした工夫である。「凍結路面」(地域紛争などでこじれたようなケース)では、エンジンブレーキを使うのを原則とし、外的な「ブレーキ」はごく小規模の警察隊程度のものに限定すべきである。「平和のエンジンブレーキ」こそ、紛争の解決への大きな力となりうるのである。

一例を挙げる。ボスニア紛争で、ＮＡＴＯの軍事介入が行われ、ドイツの「緑の党」までもが軍事介入に賛成するなかで、さまざまなＮＧＯが非軍事的活動に徹するよう主張した。とくに、

Friedens-Forum 4/1994 より

規模こそ大きくはないが、その理念と目標において注目されるのが、「基本権と民主主義のための委員会」の活動である。ドイツの無党派の法律家や学者、市民運動家などによって構成される団体で、一九九一年から、「武器を使う代わりに援助を(Helfen statt schiessen!)」というスローガンのもと、あくまでも軍事介入に反対し、医療援助をはじめとする、さまざまな援助活動を旧ユーゴ各地で行ってきた。彼らは、次のように主張する(*INFORMATIONEN* von Komitee für Grundrechte und Demokratie, Nr. 2 vom 10. 3. 1994, S. 1f.)。

「ベトナムからアフガニスタン、スリランカを経由して湾岸戦争に至る長い軍事介入の歴史を見れば、結論はただ一つ。軍事介入は、大きな戦争に発展し、多くの人々の命を奪うということである。ボスニアも特別なケースではない。空爆はボスニアの戦争を終わらせないばかりか、人々の民族主義的憎悪を一層激しくかき立て、和解を困難にする。さらに、戦争に反対する民主的勢力への抑圧を激しくさせ、民族主義的憎悪でかたまった社会へと後退させる。国連の人道援助が困難になる。これらの理由から、人道的軍事介入は自己矛盾である。我々は、平和政策として、民間的(市民的)紛争処理に徹する」。

彼らの活動は多岐にわたる。医療援助のほか、「バルカン全体の発展を促進する活動」、「ボランティアとして難民収容施設で活動している、また戦争難民および逃亡兵をかくまっている等々の個人・団体への支援を通じた、一貫した人道援助」などである。とくに注目されるのは、「市民的紛争解決」の努力である。これは、「協調、共同、そして差し迫る諸問題の解決」をめざしながら、「反戦的・民主的反対派を系統的に支援し、彼らを国際舞台の対話に参加させること」を重視する。「民族主義的・イデオロギー的に煽動された社会のなかに、彼らが内側から変革をすることができるよう、対抗世論を生み出す」ための援助である。

マスコミでは、「セルビアが悪い」「クロアチアも悪い」というように、すべて民族、共和国といった単位で物事を見ており、個々の民族や共和国の内部で、平和を求める努力をしている人々のことはほとんど注目しない。この団体は、無党派的・中立的立場を堅持しながら、セルビア人、ムスリム人、クロアチア人などに分けへだてなく接し、その内部の平和運動と連帯する努力をしてきた。とくに、平和を呼びかける新聞の印刷費用を出す活動は重要である。外からの「平和強制」ではなく、内側からの平和的世論の形成は、旧ユーゴの平和達成の上で極めて重要である。*ARKzin*というクロアチアの反戦平和の月刊新聞(一万二〇〇〇部)がある。これは旧ユーゴ全土で配布されており、旧ユーゴの平和・人権活動の重要なネットワークとなっている。「基本権と民主主義のための委員会」はこの新聞の印刷費用を援助してきた(筆者自身もこれに関わった)。

これは一例だが、国家や民族単位で判断するのではなく、それぞれの国や民族の内側にある「平和的世論」へのまなざしが求められているのである。そうした紛争地域の世論と国際世論が連帯していくという視点こそ、困難な課題ではあるが、「平和を愛する諸国民(peoples)の公正と信義に信頼して、われらの安全と生存を保持しようと決意した」(日本国憲法前文第二段)ところの日本国民にとって、とりわけ重要な課題であるように思われる。

(4)「平和の根幹治療」

「軍事力によらない平和」のコンセプトの三つ目。それは、「平和の根幹治療」である。これは、紛争の真の原因(貧困、飢餓、差別、人権抑圧、等々)を除去し、紛争の根を絶つことである。紛争や戦争の最終的解決には、不平等・不公正・貧困といった根本的原因の除去が必要である。これを「平和の根幹治療」という。虫歯が出来たら、そこに薬を塗布しても、それは当座の痛み止め程度のものである。歯科の分野で、虫歯の根に針を入れて、炎症が再び起きないようにする治療法が「根幹治療」(略称「根治」)である。平和も、貧困や不平等などをなくす長期的な援助・支援なしには達成しえない。こうした努力の総体が「平和の根幹治療」である。

紛争の原因を究明する調査・研究もまた、根幹治療の重要な一部をなす。

戦争は、予告なしに人類をおそう自然災害ではない。戦争は人間によって計画され、支持され、かつ遂行される。したがって、それはまた、阻止されうるのである。全世界の危機を適時に認識するために、幅広い平和・紛争研究が必要である。もろもろの危機と戦争の分析から、これを平和的に終結させるコンセプトが形成されうる。そうすることによってのみ、将来、危機が戦争にエスカレートすることを阻止できるのである。たとえば、国際的人権団体であるアムネスティ・インターナショナルは、九〇年代の初頭から、ルワンダにおけるフツ族とツチ族の紛争が先鋭化していることに注目していた。だが、国連や国際機関は、それに対する有効な措置をとらなかった。一九九四年、ルワンダは世界の注目の的になった。大量殺戮によって。初期の段階で手を打てば、このような殺戮には至らなかった可能性が高い。同じことは、世界の危機地域すべてに当てはまる。紛争研究にドイツ連邦政府は、一九九一年に三二〇万マルク(二億二四〇〇万円)しか支出していない。これは戦車一両分である。九五年、この金は削られ、研究所は財政難に陥った。これに対して、連邦軍にはこの年、総額五〇〇億マルクが支出された(*Friedens-Forum* 4/1995, S. 3ff.)。もはや、問題の所在は明らかであろう。

地球規模での非軍事的活動の必要性はますます増大している。国連総会決議四三/一三一(一九八八年)や同決議四五/一〇〇(一九九〇年)は、「自然災害および同様の緊急事態の被災者に対する人道的救援」をよびかけている。各種の武力紛争も、国民国家間の戦争というより、「社会間紛争」の様相を呈している。紛争の原因を除去する「平和の根幹治療」という視点に立って、そうした分野への援助を強化することが求められている。そうした方向に日本国民が努力していくこと、それが、「全世界の国民が、ひとしく恐怖と欠乏から免かれ、平和のうちに生存する権利を有することを確認する」(日本国憲法前文第二段)ということの現代的意味であろう。

3 非軍事組織への転換

「大根派」とは

陸上自衛隊富士学校長・石田潔陸将は、富士学校誌『富士』一九八号(一九九六年六月)に書いた論文のなかで、「大根派」について語っている。F15一機一一〇億円だから、一本一〇〇円の大根が一億一〇〇〇万本買える。こんなことをいう連中が「大根派」だ、と。戦後はこうした「大根派」とのたたかいの連続だったという。有事において人権が重要などというのも、「大根派」にカウントされる。

なるほど、市民運動などの主張のなかには、「AWACS(早期警戒管制機)一機で、保育所が〇〇ヵ所も建設できます」という類の主張が見受けられる。この主張に対しては、「家にかけた火災保険の保険料で、どら焼が〇〇個も買える」というのと同じで、各家庭の保険料金をお菓子の代金で量的に比較しただけの無意味な主張だという言い方が可能である。だが、火災保険は、その必要性が家族に承認されているが、ＡＷＡＣＳについては、なぜ、冷戦後のいま、かくも高価な装備がこの国の「防衛」に必要なのかの証明がない。したがって、こうした高額の兵器を、国民の税金で次々に買っていくやり方に対する、庶民の生活感覚に根ざした批判というべきである。

ドイツの「大根派」．ユーロファイター戦闘機導入の予算で３万人の職場が新たに生まれる（ドイツの市民平和グループ作成のチラシ）

同様の批判ならば、ドイツにもある。たとえば、「連邦海軍の駆逐艦ロンメルは通常航海で一日九〇トンの燃料を消費するが、この量は、普通の家族の三〇年分の暖房用燃料にあたる」といった批判である。暖房費がバカにならないドイツの家庭にとって、これは実に分かりやすいたとえである。

Ｒ・Ｌ・シヴァード編『世界の軍事支出と社会支出一九九六年』はいう。「世界の半数以上の政府は、保健・衛生支出を上回る軍事支出を行っている。さらに、二五カ国の政府は、教育支出以上の資金を軍事に投資している。また、教育支出と保健・衛生支出を合わせた額をも上回る軍事支出を記録している国の数は一五に達している」。もし、公的資金を社会的ニーズの充足を最優先に配分すれば、貧困や飢餓、疾病、非識字は一掃されるだろう。同書は、「オルタナティヴな資金配分」として、アメリカの軍事予算を念頭に置きながら、具体例を挙げている(『軍縮問題資料』一九九七年三月号、五八—七一頁参照)。

たとえばこうである。シーウォルフ核燃料推進潜水艦一隻の調達費用(二五億ドル)で、世界中のすべての子どもを対象にした予防接種・微栄養素補給プログラムを実施できる。ステルス爆撃機一機分の調達費用(二二億ドル)があれば、発展途上諸国の一億二〇〇〇万人の女性を対象にした家族計画に関するサービスを一年間供与できる。イージス艦隊防空用ミサイルシステムの一基分調達費用(九億六九〇〇万ドル)で、発展途上諸国で初等教育を修了できないでいる一一四〇万人の女子児童が一年間長く就学できるようになる。ジョイントスター(七〇七型を改良した目標攻撃用レーダーシステム搭載の軍用機)一機の調達費用(三億八七〇〇万ドル)で、回虫病に苦しむ四億人の子どもを一年間にわたって治療することができる。トライデントⅡミサイル一基分の調達費用(五〇〇〇万ドル)があれば、一億人の児童に対して一年間のビタミンAの補給を行うことができる……。

なんともリアルである。「大根派」結構。これこそ、創造的な「大根派」の発想である。冷戦後の世界で、本当に必要なものは何か。各国ともに、本当にお金をかけなければならない分野はどこにあるか。国際社会のなかで、日本が持てる力を出さなくてはならない分野はどこか。それは右の対比からも明らかだろう。

大災害に対処するために

阪神・淡路大震災でも、この国の組織や能力をどう総合的に発揮するかが課題となった。大災害などに際して、「必要な時」、「必要な場所」に、「必要な力」を集中する。この一見あたりまえのようなことが、この国ではなかなかできない。そして、中央政府への権限集中を軸とした「危機管理」の議論に覆われていく。その際、自衛隊の早期出動などが突出してくる。だが、すでに述べたように、大災害などに自衛隊を活用するという発想がそもそも問題なのである(本書第三章参照)。自衛隊は膨大な広報予算をかけて、「災害には自衛隊」という宣伝をしているが、災害はもともと自治体消防の仕事である。消防は決して派手な宣伝などせず、地道な努力を重ねている。一般にあまり知られていない消防の努力について、ここで紹介しておこう。

大震災への反省から、一九九五年六月三〇日に「緊急消防援助隊」が発足した。従来の消防の応援の仕組みは、市町村間の消防の相互応援が中心であり、相互応援協定が事前締結されていても、大規模地震などでは不十分なことが明らかとなった。そこで、消防組織法二四条を改正して、被災地からの応援要請を待ついとまがない場合や、人命の救助等のために特に緊急を要し、大量の救助部隊等が集中的に応援出動する必要がある場合等においても、迅速な広域応援ができるよう改善がはかられた。全国に、専門の特別救助隊は三六四隊しかない。これを事前に消防庁に登録して、いざというときに集中運用するのである。

最新鋭の大量送水車(著者撮影)

「緊急消防援助隊」は、自己完結的な組織形態をとり、救助、消防、救急、後方支援の各部隊が統合運用される。救助部隊は、救助工作車Ⅲ型(前後引きウィンチ、屋上油圧上昇式発電照明設備、車載無線機などを加え、一般用救助資機材のほかに、高度救助用資機材を積載できるスペースをもつ)や、高度救助用資機材(ファイバースコープ、サーチカム、地中音響探知器、熱画像直視装置、夜間用暗視装置、電磁波による要救助者探査装置等)を装備する。救急部隊には、救急隊(救急救命士または救急標準課程もしくは救急Ⅱ課程修了者三人以上で構成)二隊(都道府県、政令指定都市は四隊)以上を選定し、消防庁に登録する。災害対応型特殊救急自動車、高度救命用資機材を装備する。

消防庁登録部隊（都道府県域ごとに編成し、全国から集中運用）は、二〇八消防本部、三七六隊（四〇〇〇人）。県外応援可能部隊（近隣都道府県において必要部隊数を確保）は、七〇三消防本部、八九一隊（一万三〇〇〇人）。総計九一一消防本部、一二六七隊（一万七〇〇〇人）の体制がとられている（猿渡知之「緊急消防援助隊の整備について」『近代消防』一九九六年一月号、一八―三一頁より）。

さらに、東京消防庁は、一九九六年一二月一七日、「消防救助機動部隊」（ハイパーレスキュー）を発足させた（『消防情報』一九九七年二月号、二頁）。災害実態に応じて重点活用される。この部隊は、国際消防救助隊（IRT－JF）としても運用される。震災対策用救助工作車などの最新鋭の特殊装備を保有する。総予算一六億円で、九〇式戦車（一両＝一一億二四〇〇万円）の二両分にもならない額である。自治体消防の不十分な予算のなかで、ギリギリの努力をしている。もちろん、これだけではまだ十分ではない。国と自治体はこうした分野にもっと補助をする必要がある。

日本は島国である。海難事故も多い。一九七五年一〇月に設置された海上保安庁特殊救難隊（総員二四名、四班体制）。優秀な海中特殊救難技術をもち、海洋国日本にとって必須の組織である（前屋毅『海上保安庁の研究――洋上の達人』マリン企画）。現在、第三管区海上保安本部・羽田特殊救難基地に一隊のみなので、これを全国一一管区すべての海上保安本部に設置するため、救難ヘリ六四機と三〇〇人の救急救命士の隊員をもつ海上自衛隊救難飛行隊を解散し、隊員の配置換えを行って、海保救難隊を強化することも一案だろう。

国際消防救助隊（ＩＲＴ－ＪＦ）の再編成・強化により、大規模な国際救助隊を編成する。大規模災害を受けた諸国に対する医療・技術・教育を中心とした支援を行うが、災害多発諸国との事前の災害救援国際協定締結（要請なしの出動可）が不可欠である。この組織は、鹿児島水害、北海道南西沖地震等の国内大規模災害にも迅速・的確な対応がとれる。これらは一例にすぎないが、こうした分野について国民ももっと関心をもち、ここに大きな力と資金をかけるべきである。

まず、地雷の一方的廃棄から

化学兵器禁止条約は一九九七年四月二九日に発効した。まだまだ弱点をもつが、これで生物兵器禁止条約（一九七二年）に続いて、化学兵器も全面禁止に向けた歩みを進めた。あとは核兵器である。しかし、忘れてならないのは、いわゆる通常兵器といえども、多くの問題をもっていることである。地雷はとりわけ問題である。地雷（とくに対人地雷）は、世界六八ヵ国に一億一〇〇〇万個埋設され、毎月二〇〇〇人以上が世界のどこかで死傷している。地雷一個は三─三〇ドル以下だが、これを除去する費用は一個あたり三〇〇─一〇〇〇ドル。年間一〇万個程度が処理されるだけなのに、他方で年間一〇〇万個以上が新たに敷設されている。五〇ヵ国以上の国が地雷を生産し、三五ヵ国がこれを輸出している以上当然だろう（日本では、石川製作所が地雷を生産）。この究極の悪循環をどう断ち切るか。

一九九六年四月の特定通常兵器条約の再検討会議で、改正地雷議定書が採択され、探知不可能な対人地雷の使用禁止や、対人地雷への自己破壊装置等の付加、使用禁止の地雷の移転禁止などが決まった（黒沢満『軍縮問題入門』東信堂、一九九六年、一六一―一六八頁）。対人地雷は「特別に悪質な兵器」(heimtückische Waffe) として、もはや「通常兵器」の範疇にはカウントされえない、「環境破壊兵器」でもある。

対人地雷の全面禁止を宣言した国は、計三三カ国に達している（『東京新聞』一九九七年四月七日付）。対人地雷の生産、貯蔵、移転、使用の包括的禁止を国内法化した国もある（ベルギーとオーストリア）。九六年四月一五日、ドイツのV・リューエ国防相は、連邦軍の対人地雷の完全放棄を発表。九七年末までに地雷の廃棄を完了する予定という。九四年から今日まで、ドイツでは一七〇万個の対人地雷が廃棄された。九七年末までにこの措置は完了する。他方、五五万個ある対戦車地雷については別である。旧東ドイツ国家人民軍（NVA）の一三〇万個の廃棄は九六年に終了したが、対戦車地雷は国防の不可欠な一部をなすとして、その廃棄の速度は鈍い。輸出も、極めて限定的な条件のもとでのみ許されている。したがって、地雷全廃への世論の圧力が求められている。

陸上自衛隊のマニュアル類のなかに、教範（3–00–01–62–1）「師団」がある。その第二章第三節「対着上陸作戦」に、「障害の構成」の一つとして、「ヘリコプターによる散布地雷の敷設」というくだりがある（陸上幕僚監部『新野外令合本・改訂版』一九八五年、四〇七頁）。陸自は、各種の地雷を一〇〇万個以上保有しているという。九七年度にも地雷関係予算が組まれ、新たな地雷の調達・更新が行われている。とくに問題なのは、「九四式水際地雷敷設装置」である。日本の海岸線に、地雷原を短時間に完成させる装置で、日立造船が製造している（日立造船のホームページにはたくさんの自社製品が登場するのに、この装置だけは伏せられている）。平成九年度予算では、乙類（施設機材、需品機材など）として、〇・五セット発注されている（『朝雲』一九九七年二月二七日付）。九四式なので、今年あたりは本格的導入に踏み切ってもいいようだが、〇・五セットとは何とも中途半端である。地雷をめぐる世論の風当たりを考慮して、いま一つ腰が引けているようである。日本は率先して地雷という兵器を全廃する姿勢を示すべきだろう。億単位の税金を使って、日本の海岸線に地雷原をつくるための最新式の水際地雷敷設装置を、冷戦後も揃えていく意味はあるのか。むしろ、日本海沿岸の水際で阻止できなかったのは、「敵」の上陸部隊ではなく、ナホトカ号から流出した重油だった。こんな装置を買う金があれば、海洋汚染防止のための装置の導入にまわすべきであろう。

テロや難民にどう対処するか

テロ、「邦人救出」、「武装難民」などを理由とした自衛隊必要論は根拠がない。なぜなら、テロ対策は、警察の対テロ部隊がいつの間にかこの国にも整えられている結果、これ以上の特殊部隊を自衛隊が整備する必要性はない。第八師団に準備中の特殊部隊の編成は中止すべきである。「邦人救出」も、海外にいる日本市民を個人として救出するというよりは、現地の民衆に怒りを買った日本企業の利権を守るため、いわば「法人救出」の活動を展開するという側面が強まってくるだろう。これも安易に乗れない議論である。「武装難民」の問題にしても、海上保安庁で十分対処可能である。海保の全管区(一一管区)の機能を強化する。ただし、海保法二五条により、軍隊化は許されない(「この法律のいかなる規定も海上保安庁又はその職員が軍隊として組織され、訓練され、又は軍隊の機能を営むことを認めるものとこれを解釈してはならない」)。最近、海上保安庁に警備機能強化の動きがある。密入国者の流入や、難民船の大量接近などに備えた、あるいは、海外における「邦人救出」に備えた構えといえる。もともと海保特殊警備隊は、指定巡視船を使う。これは救難用ではなく、警備専門船である。海上保安庁のもう一つの顔である。九六年、第五管区海上保安本部(大阪)管内の関西空港付近に、「特殊警備基地」がつくられた(『海上保安新聞』一九九七年一月)。その訓練は国内ではなく、アメリカで行われたという。国内でできない訓練とは何か。「邦人救出」のための特殊訓練の可能性もある。特殊警備基地の役割や機能はまだ公表されていない。なお、大阪府警航空隊も、八尾市から関西空港に移っている。また、大阪府警第三機動隊にSAT(特殊急襲部隊)があるが、これも関西空港に所在する。いずれにしても、「邦人救出」をめぐり、国内の各機関の「臨戦化」がはかられている。自衛隊の機能強化とセットで行われているこれらの整備には疑問がある。警察や海保の現状も過大評価できない。組織の改善および警察官や海上保安官の労働基本権の保障などともセットで、これら組織の民主的改革をはかることも必要である。

自衛隊の平和的転換に向けて

自衛隊の単なるリストラではなく、平和的・抜本的転換(コンバージョン)が必要である。その基本的コンセプトは、第一に、憲法九条二項の戦力不保持原則を厳格に実施するという観点を貫くことである。「最小限防御力」などという形で、一時的に残る組織を言い換える必要はない。組織転換が完了し、違憲性が解消するまで暫定的に組織が存在するだけである。

第二に、自衛隊の転換構想は、憲法上のもろもろの原則に適合的に実施される必要があることである。とりわけ、平和主義、基本的人権の尊重、地方自治、議会制民主主義、情報公開などが貫かれなければならない。とくに地方自治との関係では、国の省庁の統廃合レヴェルの問題にとどめるのではなく、自治体の機能の強化という観点から実施する(施設部隊などの自治体への移管など)。もちろん、自衛隊の転換には、別途さまざまな法律の制定、現行法の改正が必要なことはいうまでもない。旧自衛隊の解散に伴う組織・装備・人員に関する法律を制定して、隊員の生活の確保など、移行措置も怠りなく実施する。

第三に、外国の自然災害等にも出動できる、国際災害・環境支援隊(仮称)を設置する(特殊防災事業、海洋汚染防止隊〔原油流出事故等に対処〕などを含む)。旧自衛隊員を、その職種に応じて、再教育の上で採用する。

第四に、安保条約との関係である。日米安保条約一〇条に基づく条約の終了通告ののち、一年以内に残務整理の計画を実施していく。米軍基地の返還に伴う跡地利用計画も、国の立場と地方自治体の事情とを総合的に調整していく。

転換にあたっては、戦闘力の主体(甲類装備品という)の発注を停止する。各種装備品の現役使用のものから、予備にまわすもの、さらには用途廃棄の段階にあるものまで多様だが、何よりも、新装備の調達を停止することが必要である。現役の装備品については、用途転換をはかる。装備面で真っ先に廃止するのは、戦車、自走砲、装甲戦闘車両、対戦車ヘリ、重火器、イージス艦、機雷敷設艦、ミサイル護衛艦、戦闘機、支援戦闘機、ミサイル各種などである。陸自の演習場は、自然保護・森林保護の観点から、国土の長期計画のなかで再生の計画をたてる。駐屯地・航空基地・港などの跡地利用計画は、経済・産業・商業・地域振興などの視点から、地方自治体の意見を十分に反映させつつ、抜本的検討を行う(すでに北海道では、航空自衛隊千歳飛行場を廃止した後、三〇〇〇メートル滑走路三本をもつ国際ハブ空港の可能性が検討されている)。

ここに挙げたのは例示にすぎない。今後、自衛隊の強化の方向ではなく、自衛隊を非軍事組織に転換していくとしたらどういう形が可能か、という角度から具体的に検討していく必要があろう。憲法九条が生まれて半世紀が経過した。二一世紀に向けて、その完全な実現をめざして、いま発想の転換が求められている。

初出一覧（原題）

序章　書き下ろし

第一章　「自衛隊」　渡辺治編『現代日本社会論』労働旬報社、一九九六年

第二章

1　「平和的国際協力の理念と現実」　全国憲法研究会『憲法問題』（三省堂）五号、一九九四年五月

2　「「一丁の機関銃」の持つ意味」『朝日新聞』論壇、一九九四年九月二二日付

3　「平和憲法と自衛隊の将来――大きくてギラリと光る「普通の国」」　宇都宮軍縮研究室『軍縮問題資料』一九九四年九月号

第三章

1　「どのような災害救助組織を考えるか――自衛隊活用論への疑問」『世界』一九九五年三月号

2　「軍隊無用の究極の選択を」『法学セミナー』（日本評論社）一九九五年五月号

3　「「内なる敵」はどこにいるか――国家的危機管理と「民間防衛」」『三省堂ぶっくれっと』一一五号、一九九五年五月

4　「平和のためのボランティア――非軍事の国際救助組織について」『軍縮問題資料』一九九五年八月号

第四章

1 「新・新安保条約の問題性とは」『法学セミナー』一九九六年八月号

2 「「有事法制」とは何か」『世界』一九九六年七月号

3 「極東有事研究——危機あおるのは危険」『毎日新聞』一九九六年六月一六日付

4 「沖縄代理署名拒否訴訟の意義」『東京新聞』一九九五年一二月二八日付夕刊

5 「安全保障問題と地方自治体」『琉球新報』一九九六年九月二日付

6 「沖縄が問う、この国の平和」『朝日新聞』一九九七年五月一日付夕刊

7 「旧東独演習場の民間転用と沖縄」『琉球新報』一九九七年五月三日付

第五章

1 書き下ろし(一部『週刊金曜日』一九九七年五月二三日号)

2 「読売「憲法改正試案」にもり込まれた危険な意図」『法学セミナー』一九九五年一月号

3 「軍服を着た新聞記者——読売「総合安全保障政策大綱」について」『法と民主主義』一九九五年六月号

4 「十日間の「軍人大臣」」『法学セミナー』一九九四年七月号

第六章

1 「「ポスト冷戦」と平和主義の課題」『法律時報』(日本評論社)一九九七年五月号

2 書き下ろし

3 書き下ろし

■岩波オンデマンドブックス■

武力なき平和——日本国憲法の構想力

1997年7月8日 第1刷発行
2003年9月5日 第6刷発行
2015年5月12日 オンデマンド版発行

著　者 水島朝穂《みずしまあさほ》

発行者 岡本　厚

発行所 株式会社 岩波書店
〒101-8002 東京都千代田区一ツ橋2-5-5
電話案内 03-5210-4000
http://www.iwanami.co.jp/

印刷／製本・法令印刷

ISBN 978-4-00-730201-5　　Printed in Japan